책으로
걷는
아이

책으로 걷는 아이

펴낸날	초판 1쇄 2024년 2월 26일
지은이	최누리
펴낸이	강진수
편 집	김은숙, 설윤경
디자인	Stellalala_d
인 쇄	(주)사피엔스컬쳐

펴낸곳	(주)북스고 **출판등록** 제2017-000136호 2017년 11월 23일
주 소	서울시 중구 서소문로 116 유원빌딩 1511호
전 화	(02) 6403-0042 팩 스 (02) 6499-1053

ⓒ 최누리, 2024

- 이 책은 저작권법에 따라 보호를 받는 저작물이므로 무단 전재와 무단 복제를 금지하며,
  이 책 내용의 전부 또는 일부를 이용하려면 반드시 저작권자와 (주)북스고의 서면 동의를 받아야 합니다.
- 책값은 뒤표지에 있습니다. 잘못된 책은 바꾸어 드립니다.

ISBN	979-11-6760-065-3 13590

책 출간을 원하시는 분은 이메일 booksgo@naver.com로 간단한 개요와 취지, 연락처 등을 보내주세요.
Booksgo는 건강하고 행복한 삶을 위한 가치 있는 콘텐츠를 만듭니다.

아이의 감수성을 키우는
취향 존중 독서법

책으로 걷는 아이

최누리 지음

Booksgo

("아이에게 독서가 왜 중요한지
설명하기 어려워요.")

한 어머님이 상담 중 제게 묻습니다.
"선생님, 요즘 독서가 너무 중요하대서 상담 잡고 오긴 왔는데 독서가 왜 중요한지를 저는 아직 모르겠어요. 중요하다는 건 알겠는데 그 이유를 아이한테 뭐라고 설명해야 할지…. 정작 저는 책을 안 읽으면서 애한테는 자꾸 읽으라고 강요하고 있는 게 답답해요."

상담하다 보면 흔히 듣는 고민 중 하나입니다. 독서가 중요하다는 것은 모두가 아는 사실입니다. 책을 읽어야 한다는 생각은 모두가 하지만 왜 중요하고 필요한지 정확한 이유를 말할 수 있는 사람은 드뭅니다.

그 이유 중 하나를 짚어 보자면, 독서의 중요성을 강조하는 정보가 너무 많기 때문이죠. 읽기, 이해력, 학습 능력, 어휘력, 창의력 등 다양한 이유로 여러 매체에선 독서를 해야 한다고 말합니다. 앞서 열거한 이유가 독서를 통해 기를 수 있는 능력인 것은 분명합니다. 하지만 저는 아이들이 독서라는 행위에 어떤 목적과 이유를 가지고 접근하는 것에는 반대하는 입장입니다. 모든 독자는 독서를 하며 자신이 책을 읽어야 하는 이유를 스스로 발견해야 합니다.

한 권의 책을 깊게 읽음으로써 내가 미처 보지 못한 타인, 내가 겪지 못한 불행, 알지 못한 행복을 서서히 알게 되길 바랍니다. '나'라는 사람이 선호하는 삶의 방식과 취향, 건강한 가치관을 독서로 더 꼼꼼히 돌보았으면 합니다. 행복에 취했을 때 절제를, 슬픔과 고독 속에서 위로를, 무너진 자존의 회복을, 절망 가운데 희망을, 아울러 함께하는 세상을 살기 위해 가져야 할 지식을 알게 되는 것. 이 모든 것은 독서하기 전이 아닌 독서 후에 이루어진다고 믿습니다.

아이들이 자신의 가치와 생각의 형태, 독서의 이유가 독서 후에 더 선명하게 생기길 원합니다. 더 똑똑해지기 위해서, 공부를 잘하기 위해서, 어휘력을 기르기 위해서 책을 읽어야겠다고 접근하는 게 아니라 어떻게 살아야 할지, 어떤 것을 본받을지, 어떤 것을 답습하지 않을지 선명해지길 바랍니다.

그래서 이 책이 독서의 목적을 무작정 학습으로 일관해 강조하는 책이 되지 않도록 염두에 두고 썼습니다. 대신 아이들이 편안하게 책 앞으로 걸어갈 수 있도록 양육자가 어떤 마음으로 함께하면 좋을지, 읽기를 어떻게 시작하면 오래도록 지속할 수 있을지, 읽기와 연관된 쓰기와 활동엔 어떻게 접근하면 좋을지를 수없이 생각했습니다.

저는 책을 향해 걸어가는 아이들이 읽은 책이 아니라 좋아하는 책이 많아지길 바랍니다. "너 책 몇 권 읽었니?" 보다 "너는 어떤 책을 좋아하니?"라고 물었을 때 한껏 상기되고 신이 나길 바랍니다. 읽기 효능감을 충분히 느끼고 본인이 좋아하는 책을 고르기 위해 더 능동적인 태도를 취했으면 합니다. 더불어 아이가 책을 읽게 된 계기와 새로운 책을 찾아 나설 이유를 스스로 발견하고 말할 수 있도록 돕는 부모이자 양육자가 되었으면 합니다. 그 아이들이 결국 계속해서 책을 찾고 글을 쓰는 어른이 될 것이란 믿음으로요.

책에 나오는 아이들의 이름은 모두 가명이지만 이 친구들이 제 독서 지도 방향을 굳게 잡아 주었습니다. 책을 쓸 수 있는 소중한 기반이 되어 주었죠. 현장에서 만난 아이들에게 배운 경험이 올바르게 전달되었으면 합니다.

　아이들을 도와줄 주 독자들은 부모님보다 양육자라고 표기하려 노력했습니다. 아이를 키우는 할머니, 할아버지 역시 양육자이고 조카를 돌보는 이모나 삼촌, 현장에서 일하는 교육인 역시 양육자이기 때문입니다. 부모에게만 국한되지 않고 어느 곳에서든 아이의 바른 성장을 돕는 양육자들에게 실질적 도움이 되는 실용서가 되었으면 하는 마음으로 책을 엽니다.

2024년 봄, 최누리

004 ····· |Prologue| 아이에게 독서가 왜 중요한지 설명하기 어려워요

CHAPTER 1 아이의 문해력을 키우는 **책 읽기**

STEP 01 **언제 어디서나** 책을 읽어요

- 016 ····· 독서의 순기능은 무엇일까요
- 020 ····· 아이에게 좋은 독서 환경은 무엇일까요
- 023 ····· 책만 잘 골라도 아이의 책 흥미를 깨울 수 있어요
- 027 ····· 아이의 흥미를 깨우는 책 고르기
- 031 ····· 그림책은 언제까지 읽으면 좋을까요
- 033 ····· 그림책 잘 읽는 방법
- 039 ····· 한글을 잘 익혀야 글도 잘 읽을 수 있어요
- 044 ····· 한글 익히기
- 053 ····· 새벽에 읽는 책에는 특별한 힘이 있어요

STEP 02 | 아이와 함께 책을 읽어요

- 058 …… 빨리 말고 깊이, 한 달에 한 권도 충분해요
- 062 …… 깊게 읽는 연습하기
- 067 …… 읽은 책은 직접 설명할 수 있어야 해요
- 071 …… 나만의 책을 만드는 좋은 방법은 낙서예요
- 074 …… 미디어에 무방비하게 노출된 아이, 어떻게 관리하나요
- 078 …… 미디어 대신 글 놀이
- 083 …… 학습 만화, 만화책, 스마트 북을 보지 못하게 해야 할까요
- 087 …… 만화와 문고의 적절한 활용법
- 089 …… 편독하는 아이 문제인가요

STEP 03 | 책을 읽으며 아이의 감수성도 키워요

- 096 …… 책을 읽으며 아이들이 꼭 가졌으면 하는 세 가지 생각
- 098 …… 문학 감수성이 자라나는 3단계 생각법
- 101 …… 독서 기록장이나 독후 활동보다 더 중요한 게 있어요
- 103 …… 독후 대체 활동
- 107 …… 다른 의견을 들으며 타인을 이해할 수 있어요
- 111 …… 독서 후 토론하는 법
- 115 …… 서평가가 되어요
- 117 …… 서평하는 방법
- 119 …… 아이에게 이런 질문 꼭 해 주세요
- 123 …… 아이에게 건네는 질문 5+5+5

- 124 …… 누리쌤이 소개하는 추천 도서 30

 아이의 생각이 자라는 **글쓰기**

STEP 01 글쓰기를 **시작해요**

- 152 ······ 글을 쓰면 왜 좋을까요
- 155 ······ 글씨를 바르게 써요
- 158 ······ 정성스러운 쪽지와 답장은 글쓰기의 동기가 돼요
- 162 ······ 아이의 단순한 글쓰기가 고민이에요
- 165 ······ 글쓰기가 쉬워지는 첫 문장
- 168 ······ 동시를 읽으며 표현을 익혀요

STEP 02 **아이의 생각이 담긴** 글쓰기를 **해요**

- 176 ······ 인물을 동물이나 사물로 바꿔요
- 179 ······ 가족과 함께 단어 이어 붙이기 놀이해요
- 180 ······ 단어 이어 붙여 멋진 글 만들기
- 183 ······ 책과 다른 결말을 만들어요
- 185 ······ 이야기를 바꾸는 글쓰기
- 189 ······ 나만의 동화책을 만들어요
- 191 ······ 나만의 동화책 만들기
- 193 ······ 잘못된 어휘는 일상에서 점검해요

STEP 03 **아이의 마음이 담긴** 글쓰기를 해요

- 198 ····· 편지쓰기, 나의 문제를 찾아요
- 200 ····· 아이들이 쓰기 좋은 편지 주제
- 203 ····· 추억이라는 재료로 기행문을 써요
- 204 ····· 기행문 쓰는 법
- 207 ····· 좋은 글은 수정하며 만들어요
- 213 ····· 긴 글보다 배려가 돋보이는 글이 중요해요
- 215 ····· 잘 읽히는 글쓰기

- 220 ····· 누리쌤이 추천하는 재미있는 글쓰기 주제 20

- 226 ····· |Epilogue| 읽기와 쓰기는 아이에게도 어른에게도 큰 힘이 되어요

- 229 ····· 아이와 함께하는 책 놀이

아이의 문해력을 키우는
책 읽기

STEP 01

언제 어디서나
책을 읽어요

º **독서의 순기능**은
무엇일까요

열 살 은지는 독서를 하다 멈추고 감상에 빠지곤 합니다. 은지의 독서 안엔 사유가 있습니다.

은지의 시간을 깨지 않고 있다가 나중에야 무슨 생각을 하고 있었느냐고 물으니 "저라면 어땠을까 생각해 보았어요."라고 대답합니다. 은지의 독서 방식에 탄성이 절로 나옵니다. 열 살 아이의 독서 방식, 사유의 틈을 알고 잠시 멈추어서 성찰하는 그 방식이야말로 문학을 소화하는 좋은 과정입니다. 독서의 틈새에 붙는 생각은 자신의 가치관을 넓고 선명하게 만듭니다.

독서가 인성을 길러 준다는 이야기는 이미 온 인류가 알고 있는 사실입니다. 읽기를 통해 성찰의 공간을 마련해 줌으로써 독자는 자기 삶과 가치관을 돌아봅니다. 좋은 책일수록 성찰의 기회는 더욱 많아집니다. 독서는 조용하고 정중하게 자신을 자각하고 각성하게 합니다. 은지가 독서하는 모습은 정적이지만 내적으로는 굉장히 소란한 상태입니다. 은지에게 들어온 이야기들이 생각의 자리를 찾아 떠돌고 있습니다. 책이라는 이야기를 먹고 내면으로 깊이 소화하는 과정이야말로 독서의 순기능입니다.

티셔츠를 거꾸로 입으면 본인만 티셔츠를 거꾸로 입었다는 사실을 모릅니다. 고춧가루가 이에 끼어도 본인만 그 사실을 모르죠. 독서는 이러한 것들을 정중히 일깨워 줍니다. 나만 모르고 있는 나의 결함이나 오류를 바로잡을 수 있는 기회를 멋쩍지 않게 제공하는 셈이죠.

아이의 독서 생활은 자기 감각과 정체성을 직면하게 하고, 정서적 불안정과 상처, 내재한 감정을 입체적으로 구성해 만나게 합니다. 성장하는데 품격을 드높이고 존재 가치를 확립시키는 과정을 독서로 느낄 수 있다고 생각하면 아이의 독서 생활을 조금 더 신경 쓸 수밖에 없습니다.

독서는 내가 되었다가 타인이 되는 경험, 나아가 소수자와 만민, 인류와 공동체, 연대와 소외를 모두 경험시킵니다. '나'라는 단단한 세계를 확립합니다. 여기서 단단한 세계라는 것은 방어적이거나 고집스러운 의미가 아닌 아우르는 나, 합리적인 제안을 인정할 수 있는 나, 모든 면에서 이해력이 깊은 나를 의미합니다. 긍정적인 가치관이 생기면서 동시에 누군가의 의견을 수용할 줄 아는 태도를 익힐 수 있죠.

계몽과 훈육이 아닌 독서 그 자체로 아이들이 삶을 충분히 사유할 수 있다는 점, 문장과 어휘력만을 습득하는 것이 아니라 인류애와 공동체 의식을 심어 줄 수 있다는 점, 흔히 말하는 인성 교육의 가장 토대가 된다는 점은 독서 이후에 발견된 것들입니다. 독서 전에 이 모든 것을 얻겠다는 욕망으로 접근하기 보다, 그 감정을 일깨울 수 있는 지점이 책에 있다는 것을 천천히 경험시켜 주어야 합니다. 그러려면 우리는 아이와 독서를 함께하고 아이의 독서 생활을 조력하는 좋은 파트너가 되어야 합니다. 아이와 나의 독서 취향을 적극적으로 찾고, 독서하는 시간과 경험을 많이 쌓다 보면 읽기, 쓰기, 말하기로 연결된 언어의 유기적 길들을 자유롭게 오가며 자기 능력을 발휘할 수 있습니다. 그리고 언제든 다시금 독서를 택할 이유를 찾아냅니다.

제아무리 책이 많다고 한들 사람보다 책이 많을 수 없다는 말이 있습니다. 수많은 사람 중 독서를 택한 아이는 그 과정을 걷다가 들꽃을 마주치듯 삶의 가치를 선물 받습니다. 아이가 스스로 들꽃을 발견하도록 함께 걷는 것이 우리의 몫입니다. 양육자가 같이 읽지 않으면서 들꽃을 찾았나 못 찾았나 검사하는 교육이 의미가 될 수 있을까요? 그 들꽃을 발견하게 해 주려고 억지로 끌고 떠나면 아이들이 진정 발견하고 싶은 걸 볼 수 있을까요?

책을 향해 걷다가, 꾸준히 함께 걷다가 문득 드는 생각과 감정이야말로 아름답습니다. 꼭 발견하지 않아도 괜찮습니다. 걸음만으로도 정진

(독서의 순기능을 갖게 하는 핵심 키워드!)

1 결과를 얻기 위한 도구로 독서를 사용하지 않는다.
2 독서를 아이의 영역으로만 국한하지 않고 함께하는 조력자가 된다.
3 나와 아이의 독서 취향을 발견하며 독서의 시간과 경험을 많이 쌓는다.

하는 것임을 알게 될 테니까요. 당장은 잊어버려도 결국 나도 모르게 내 안을 채워 나가고 나중에 큰 의미가 되기도 하겠죠. 그러면 책을 보는 이유를 서서히 느끼게 될 것입니다. 그 이유로 다시 책을 찾을 것입니다. 이것이 제가 꿈꾸는 독서의 순기능입니다.

˚아이에게 **좋은 독서 환경**은
무엇일까요

거실 서재화, 북 트리, 잠자리 독서 등 다양한 독서 환경이 화두가 되고 있습니다. 모두 좋은 의견이지만 저는 독서를 너무 특별한 영역으로 여기는 건 아닌지, 독서라는 하나의 선택지에 과하게 힘이 들어가는 건 아닌지 의문입니다.

독서는 큰마음을 먹고 정해진 장소에서 의식처럼 치러지는 성대한 것이 아닙니다. 심심할 때, 우울할 때, 쉬고 싶을 때, 언제든지 선택할 수 있는 편안한 행위입니다. 오히려 거실 서재화나 북 트리 같은 활동이 독서를 의무처럼 생각하게 만드는 것은 아닌지 걱정입니다. 거실을 다 뜯어 서재처럼 만드는 집을 보면 그 거실에선 책 읽기 이외에는 무엇도 할 수 없을 것 같은 생각이 들 때도 있습니다. 거대한 뒷배경이 독서에 대한 압박으로 작용하는 건 아닐까 하고요.

저는 가정에서 특별히 독서 존을 만들고 시간을 정해 두는 것보다 언제든 읽을 수 있게 책을 곁에 조금씩 두는 게 더 좋다고 생각하는 사람입니다. 책이 많지 않아도 괜찮습니다. 책이란 배경에서 사는 것보다 우리라는 자연스러운 배경에 책이 보이는 것이 적합하다고 생각합니다. 식탁에서 가볍게 읽기 좋은 책들 몇 권, 내가 별점 다섯 개를 준 책은 거실에 비치하고 읽을 수도 있겠죠. 좋아하는 동화책은 언제든 볼 수 있게 가방에 가지고 다니거나 아이가 편안함을 느끼는 장소 옆에 책장을 둡니다. 그리고 꼭 아이책으로만 구성하는 게 아니라 양육자도 본인이 좋아하는 책을 아이책 옆에 함께 비치해 언제든 책을 같이 읽는 것이 좋습니다.

▲ 식탁 위에 둔 아이들 책

▲ 거실 한편에 양육자 책과 아이들이 좋아하는 책을 함께 둔다.

▲ 아이들이 취향껏 정리한 잠자리 옆 책장

중요한 점은 아이가 책을 잘 관리할 수 있도록 돕는 것입니다. 책을 구김 없이 깨끗하게 보라고 권유하는 것이 아닙니다. 자신의 책을 스스로 정리하고 어디에 어떤 책이 놓여 있는지 알 수 있게 돕는 것을 말합니다. 책장에 대한 주인의식을 심어 주면 됩니다. 아이가 고른 책들을 진심으로 존중하고, 책을 소중하게 여길 수 있도록 지지해 주면 자연스럽게 아이는 자신의 책장과 책을 사랑하고 자부심을 느낍니다.

아이가 독서를 택하는 품위 있는 사람이 되길 바란다면 아이가 읽고 싶은 책을 언제든 읽을 수 있게 존중해 주면 됩니다. 아이가 고른 책, 아이가 아끼는 책에 콧방귀를 뀌지 말아 주세요. 아이가 고른 책을 인정해 주세요. 아이가 꾸민 서재를 어른의 마음대로 바꾸지 말아 주세요. 어른의 질서로 아이의 질서를 쉽게 변형시키지 말아 주세요. 한번 시작한 책은 끝까지 읽어야 한다는 강박도 심지 않습니다. 아이가 책을 선택하고 책을 고르고 책을 읽는 모든 시간이 편안하다면 그 누구보다 행복한 독서 생활을 이어갈 수 있을 것입니다.

˚책만 잘 골라도
아이의 책 흥미를 깨울 수 있어요

독서는 기초 체력이 필요합니다. 이 기초 체력은 앞서 말했듯 각자의 취향과 흥미에서 쌓여 갑니다. 취향과 흥미를 존중하지 않는 책 읽기는 오랫동안 지속하는 독서, 자발적인 독서가 되기 힘듭니다. 독서는 정적인 행위로 보이지만 엄청난 집중과 몰입이 필요하기에 즐거움이 없으면 지속이 어려운 영역입니다. 특히 아이에게 '흥미'를 빼앗고 다양한 지식 전달의 도구나 어른의 욕심으로만 책을 권하면 그저 '읽는 시늉'만 하는 아이가 됩니다.

대부분의 양육자는 아이가 어려운 책도 긴 책도 흥미롭게 읽기를 바랍니다. 어른들은 제목이 어려워 보이거나 길고 어려운 문장의 책, 두꺼운 책이 수준 높은 책이라고 생각하기 쉽지만, '수준 높은 독자'가 되는 것의 '수준'은 그리 단순하지 않습니다. 일단 수준이라는 기준이 모호할 뿐더러 학년별로 수준이 통일되는 것이 과연 독서의 제 기능을 할 수 있을지 의문입니다. 수준보다는 책의 취향과 의미를 잘 파악하고 있는지가 중요합니다. 짧더라도 한 장면을 가지고 어떤 생각을 할 수 있는지, 저자가 이야기하고자 하는 주제를 독자가 잘 파악했는지, 좋은 책을 발견할 수 있는지, 자신이 좋아하는 장르가 무엇인지, 맥락을 통해 유추와 요약을 잘하고 있는지로 독서의 수준을 이야기할 수 있습니다.

특히 책을 잘 고르는 일이야말로 고도의 기술이죠. 처음부터 책 고르는 안목을 가지고 있는 아이는 흔치 않습니다. 거의 없다고 해도 무방합니다. 아이가 스스로 책 고르는 안목을 기르기 위해서는 양육자의 센스와 도움이 필요합니다.

아이가 독서에 흥미를 느끼는 것은 대개 양육자가 무릎에서 그림책을 읽어 주는 시절입니다. 같은 책을 또 읽어 달라고 수도 없이 반복하고 어떤 책은 너덜너덜할 때까지 읽습니다. 글을 보지 않고 줄줄 읊을 만큼 완벽히 외우기까지 하죠. 아이가 온전히 책에 빠져 행복해합니다. 그렇게 하나의 그림책에 빠진 아이를 데리고 서점에 가면 꼭 이런 경험을 하게 될 것입니다. 집에서 읽은 책 표지를 보고 반가워하며 "엄마! 우리 집에도 이 책 있잖아요!" 단짝 친구를 소개하듯 기뻐하는 모습 말이죠. 드디어 내 아이가 서점에서 자신이 좋아하는 책을 발견하고 소개할 수 있는, 일종의 독서가로 성장할 수 있는 신호가 생긴 것이지요.

저는 아이가 좋아하는 그림책을 쓴 작가의 다른 작품이나 시리즈, 익숙한 그림체 또는 이야기의 전개가 이어지는 그림책을 조심스럽게 권합니다. 이 책을 사자고 강요하기보다 네가 좋아하는 책과 관련된 책이란 걸 알려 주면서 말이죠.

저희 딸아이가 가장 좋아하는 그림책인 백희나 작가의 《장수탕 선녀님(백희나/책읽는곰/2012)》에서 주인공인 선녀님이 있는데, 비슷한 캐릭터가 나오는 《이상한 엄마(백희나/책읽는곰/2022)》 추천합니다. 그리고 이 책에서도 선녀님의 도움을 받은 아이가 나온다고 말해 주며 권합니다. 아이는 장수탕에서 만난 선녀님과 어떤 점이 다르고 같을지 책을 읽기도 전부터 관심을 둡니다. 취향을 고민해 고른 책을 아이들은 백발백중 맘에 들어 하고, 긍정적인 인상을 받은 책에 처음부터 흥미를 느껴 몰입합니다.

하지만 읽기 독립을 프레임처럼 씌우는 초등학교에 들어가서는 이런 그림책 시리즈보다는 줄글에 조바심이 나기 시작합니다. 많은 양육자가 초등시기부터 줄글과 읽기 독립에 초점을 둡니다. 필독서나 추천 도서

(**아이의 책 흥미를 만드는 핵심 키워드!**)

1 서점에 가기 전 원하는 장르를 결정한다.(과학, 지식, 역사, 신화, 동화, 소설 등)
2 좋아하는 작가의 시리즈나 신간이 새로 나왔는지 파악한다.
3 도서관에서 빌려 읽었던 책이나 알게 된 책 중 소장하고 싶은 책은 없었는지 확인한다.
4 양육자가 아이에게 추천하는 책도 살펴볼 리스트에 넣는다.
5 위의 선택지를 토대로 리스트를 만들고 서점에 방문한다.
6 선택지의 책을 찾아 살펴본 후 아이가 취향에 맞는 책을 직접 고르게 한다.
7 아이가 고른 책을 양육자가 함께 읽으며 존중한다.
8 별점을 매기고, 나라면 어땠을지 상상하며 이야기 나눈다.
9 고른 책 중 아이가 손대지 않는 책이 생겼다면, 충분한 실패가 안목을 키우고 취향을 단단하게 만든다는 걸 기억한다.

리스트를 참고해 아이의 책장을 꾸려 주기도 하고, 아이 문고 전집을 사서 책장을 채우기도 합니다.

그야 물론 전문가들이 고심해 고른 선정 도서는 질적으로 충족한 독서를 하기에 이롭습니다. 하지만 이 선정 도서들엔 아이의 개별 취향이 존중되어 있지 않습니다. 양육자의 품에서 양육자의 목소리로 이야기를 듣고 그림으로 묘사된 내용을 느끼며 좋아하다가 갑자기 빼곡한 줄글 책에 적응하여 흥미를 느끼는 게 쉽지 않습니다. 하지만 양육자는 책의 역할을 잊고 그림책이 아닌 문고 책에 아이를 집중시키죠.

물론 언제까지 그림책만 읽게 할 순 없고, 양육자가 적극적으로 문고 책을 권하는 것도 필요합니다. 다만 조금 더 아이의 입장에서 아이가 거부하지 않을 방법으로 권해 보는 것이지요.

아이의 흥미를 깨우는
책 고르기

아이 스스로 책 고를 권리 주기

도서관이나 서점에 가서 아이들에게 책을 고르게 하라는 이야기에 양육자들은 이렇게 대답합니다.
"맨날 이상한 책만 골라요. 만화책, 캐릭터 책 이런 거요."
아이들은 당연히 그럴 수밖에 없습니다. 수많은 책 중에서 어떤 책이 재밌는 책인지 알 수 없기 때문에 가장 익숙한 캐릭터가 그려진 책이나 유튜브 혹은 텔레비전에서 봤던 인물이 쓴 만화책을 고를 수밖에 없죠. 이때 서점이란 너무 큰 선택지를 주지 말고 조금 줄여 제공하는 것이 좋습니다. 아이가 좋아할 만한 책의 주제를 생각하고 접근하는 것이죠.
요리를 좋아하는 아이라면 요리와 관련된 제목이나 그림이 있는 표지의 책들을 여러 권 찾아 아이에게 주고 직접 골라 볼 수 있게 한다든지, 그림 그리기를 좋아한다면 화가나 그림에 관한 책을 선택지에 올리는 것을 말합니다. 서점이나 도서관에 가기 전 사전 조사를 통해 책을 몇 권 추려 가는 것도 도움이 되겠습니다. 아이들은 양육자가 선택지를 주었어도 그중 본인이 원하는 것을 골랐다는 성취를 느끼며 책에 대한 호감이 생기고, 다른 책과 달리 유난히 그 책을 읽고 싶어합니다. 자신의 취향을 존중받았기 때문이지요. 그런 긍정적 경험이 아이가 영원한 독자가 될 수 있는 기초 체력에 기여합니다.

책으로 함께 소통하기

고른 책은 아이 스스로 혼자 읽게 하지 말고, 양육자가 함께 읽고 대화하는 시간을 가질수록 좋습니다. 저는 딸아이가 고른 책이 제 마음에도 들면 꼭 두 권을 삽니다. 아이와 함께 단락을 나눠 각자 묵독으로 읽고 대화하자고 하면, 아이는 자신이 고른 책에 양육자가 관심을 가지는 것에 엄청난 자부심과 행복을 느낍니다. 아이는 자신의 안목을 인정받았다는 생각에 평소보다 더 집중력을 발휘합니다. 따로 앉아 정해진 단락을 읽고 나서 "네가 골라 준 책 정말 재미있다."라는 첫마디로 아이의 선택에 대한 존중을 표현한 후, 줄거리 전개, 등장인물의 심리에 대해 다양하게 이야기 나눕니다. 이때 책의 줄거리를 바탕으로 공감과 흥미를 일으킬 질문, 동시에 다음 내용에 대한 호기심 등의 질문을 건네면 좋습니다. 이 과정에서 아이가 느끼는 충만함이 독서 취향과 호감에 보태져 질 좋은 독서를 이어갈 수 있습니다.

> **예**
>
> ### 《장발장》 읽고 대화하기
>
> 1) 양육자와 아이가 각자 책 읽을 자리, 읽을 분량을 정한다.
> 2) 책을 읽고 이야기를 나눈다.
>
> **양육자** : 엄마는 장발장이 도둑질하다가 걸렸을 때 다시 감옥에 갈까 봐 걱정됐어. `공감과 흥미`
> **아이** : 나도. 그런데 신부님이 장발장을 용서하고 자신이 선물한 거라고 말했을 때 감동적이었어.
> **양육자** : 다음은 어떤 내용일 것 같아? `다음 내용에 대한 호기심`
> **아이** : 장발장이 신부님의 행동으로 감동 받고 착하게 살 것 같아.

'만약에' 대입하기, 독후 활동과 별점 주기

이야기 전개 위주의 책을 읽고 등장인물에 '만약에'로 시작하는 상황을 대입해 대화해 봅니다. 만약에 나라면 어떻게 했을 것 같은지, 만약에 상황이 바뀌었더라면 어떻게 했을 것 같은지 짧게라도 대화 나누며 책을 마무리하는 시간을 갖습니다.

또 아이와 함께 별점을 주며 평가하는 시간을 갖습니다. 별점 5점 만점에 몇 개를 줄 수 있을 것 같은지 묻고 스스로 별 스티커를 책 기둥에 붙일 수 있게 도와줍니다. 자연스럽게 책장에는 별 한 개에서 별 다섯 개까지 자신만의 평점으로 꾸려진 책이 쌓이게 됩니다. 어느 날 다시 읽었을 때 별 세 개였던 책이 별 네 개가 되기도 합니다. 책을 평론하고 평가하는 기회를 통해 책을 끝까지 읽고 생각할 수 있는 기회를 제공해 주세요.

▲ 아이가 책 기둥에 별 스티커로 표시한 별점

충분히 실패해야 안목이 길러진다는 것 기억하기

아이가 고른 책이 언제나 아이의 취향에 잘 맞을 거라고 생각하는 오류를 금합니다. 아이가 마음에 든다며 스스로 골랐으나 실패하는 책도 더러 있을 것입니다. 하지만 그런 시행착오를 겪어야 책을 고를 때 신중해집니다. 아이가 스스로 책을 고르고서 실망해 안 읽는 걸 보고 "거봐, 네가 고른 거 안 읽잖아. 엄마가 대신 골라 줄게." 하는 순간 안목과 독서 성장의 싹이 잘립니다. 아이가 책을 고르며 겪는 충분한 실패는 성장의 시초라는 것을 명심하세요.

아이에게 좋은 책은 아이가 좋아할 만한 책, 대화를 많이 나눌 수 있는 책입니다. 길고 어려운 책, 다른 또래가 읽는 것보다 어려운 책이 아니랍니다.

그림책은 **언제까지** 읽으면 좋을까요

　열 살 민아는 그림책을 사랑하는 아이입니다. 수업 시간보다 30분 정도 일찍 와서 책장 앞에 앉아 열심히 그림책을 읽습니다. 그림책을 자주 읽는 민아는 그림책을 꼼꼼하게 관찰합니다. 그림책을 잘 이해하는 민아와 이야기를 나눌 때면 세심하게 그림을 살핀 민아의 시선을 닮고 싶어집니다. 테두리에 잘 보이지 않는 그림까지 훑으며 배경을 모색하고 구체적으로 생각합니다.

　그림책을 언제까지 읽어야 하는지를 묻는 양육자에게 저는 평생이라고 이야기합니다. 그림책은 한글을 모르는 영유아만을 위해 만든 것이 아닙니다. 그림책은 독서가 아니라고 생각하는 사람도 많지만, 그림책은 그림을 읽는 독서입니다. 글자 없이 그림으로만 만들어진 책은 해석도 천차만별이고 감상과 느낌도 제각각이죠.

　그림책은 예술과 문학이 융합된 하나의 장르입니다. 그림책의 세계는 모든 연령이 참여할 수 있는 거대한 광장일뿐더러 다양한 요건에서 자유롭게 독서할 수 있는 기회를 제공합니다. 따라서 그림책은 연령의 제한 없이 꾸준하게 접하고 읽는 것이 좋습니다.

양육자 역시 아이에게 그림책을 읽어 주다가 되레 감동하거나, 결말이 궁금하거나, 재미있어서 검색해 본 경험이 적어도 한두 번은 있을 것입니다. 도서관에서 어른들을 위한 그림책 테라피 강연도 심심치 않게 열립니다. 그림책은 단순히 아이만을 위해 만들어진 것이 아닌 모든 연령층에게 각기 다른 감정을 선물하는 특별한 매체입니다. 줄글은 손도 대지 않고 계속 그림책만 읽는 아이라면 고민될 수 있지만, 그림책을 특별히 사랑하고 그림책을 꾸준히 읽는 아이라면 좋은 독서 생활을 한다고 여기며 흐뭇하게 바라보면 됩니다.

그림책 잘 읽는 방법

주변 글 잘 살피기

그림책에는 내용 외에도 다양하게 살펴볼 것이 많습니다. 특히 표지와 뒤표지, 면지와 속표지가 중요한 사항입니다. 특히 그림책을 압축하여 주제와 메시지를 가장 잘 표현한 부분이 바로 표지입니다. 표지에는 등장인물이나 책 고유의 분위기, 메시지를 가장 압축적으로 담았기에 꼭 살피고, 왜 이런 표지와 제목이 선정되었는지 생각해 볼 필요가 있습니다. 이로 하여금 책을 읽기 전 흥미를 높일뿐더러 책의 내용을 상상케 하고 접근을 용이하게 만듭니다.
양육자는 아이와 함께 책의 제목과 표지를 꼭 짚고 이야기 나누며 책에 대한 관심을 올리면 좋습니다. 책 표지의 형태와 색감, 책 제목을 나타낸 디자인 등으로 충분히 그림책에 대해 예측할 수 있습니다. 이 예측은 독서의 감각을 키우고 자신의 취향과 안목을 기르는 데 크게 기여합니다.

> **예**
>
> ## 《건전지 엄마》 표지를 보며 이야기 나누기
>
> <mark>《건전지 엄마》 강인숙, 전승배/창비/2023</mark>
>
> 양육자 : 책 제목이 '건전지 엄마'네?
> 책 표지에 있는 사람이 엄마일까?
> 아이 : 이 건전지가 엄마인가 봐요.
> 양육자 : 엄마가 지금 있는 곳이 어디 같아? 엄마라고 하면 아이가 있다는 건데 아이들은 어디 있는 거지?
> 아이 : 엄마는 운동하러 간 것 같아요. 책 표지 그림에 운동기구가 있고 엄마가 운동하는 듯이 점프하고 있잖아요.

글과 그림의 상관관계 파악하기

글과 그림의 관계를 잘 생각하며 읽습니다. 단순히 글을 직관적으로 표현한 그림인지, 이야기를 풀어 해석한 서술적 그림인지, 이야기 뒤 내용을 상상하게 장치해 해석이 필요한 그림인지를 파악할 필요가 있습니다. 글과 그림이 조금 다르게 해석된다면 저자가 전하려 했던 메시지가 과연 무엇일지도 생각해 보면 좋습니다. 내가 그림책을 해석할수록 글의 의미가 확장되고 직관적인 그림 너머의 이야기를 상상하면 생각의 깊이가 더욱 깊어집니다.

예

《건전지 엄마》 글과 그림 살피기

(어린이집 선생님이 비눗방울 총으로 비눗방울을 불어 주고 아이들이 비눗방울을 보며 놀고 있는 장면, 건전지 엄마가 열심히 비눗방울을 불고 있는 장면을 보며)

양육자 : 이 장면은 무슨 장면인 것 같아?
아이 : 비눗방울을 선생님이 불어 주고 아이들이 보면서 좋아하고 있어요.
양육자 : 옆 그림에서는 건전지 엄마가 비눗방울을 부는데 이게 어떤 뜻일까?
아이 : 건전지 엄마가 비눗방울을 만드는 거 아니에요?
양육자 : 맞아. 건전지 엄마가 비눗방울 총 안에 들어 있는 건전지인 거야. 비눗방울 총 안에서 비눗방울을 열심히 만들면 어린이집 선생님이 아이들에게 비눗방울을 뿌려 주는 거지. 건전지 엄마는 이런 기계 속에서 일하는 엄마인가 봐. 오늘은 비눗방울로 출근했어. 다음 장에는 다른 곳으로 출근한 건전지 엄마가 있을 것 같은데 한번 봐 볼까?

(다음 장면, 폴라로이드로 아이들을 찍는 선생님을 보며)

양육자 : 이번엔 사진을 찍는 선생님이네?
건전지 엄마는 어디에 있을까?
아이 : 사진기 안에 있나 봐요!

그림책의 배경에 주목하기

글과 그림의 연관을 잘 살피며 읽었다면 페이지마다 펼쳐져 있는 배경도 잘 살펴볼 필요가 있습니다. 책의 배경이란 저자가 이야기에서 꼭 전하고자 하는 내용이나 이야기의 큰 무대입니다. 책 배경의 색깔, 질감, 형태 등을 고려하여 책을 보면 이야기의 흐름이 잘 이해되고 상상의 형태가 더 짙어집니다. 구체적인 무대가 주어지니 글자와 그림에 있던 주인공들이 더 입체적으로 무대 위를 뛰놀 수 있습니다. 별, 달이 있는 하늘이 검은색이라면 아주 깊고 어두운 밤임을, 푸른 하늘이라면 따스한 계절에 청량한 날씨임을 짐작할 수 있습니다. 집안이라면 주인공이 어떤 풍경의 집에서 살고 있는지 알 수 있고, 고전 동화책이라면 그 시대의 배경 또한 잘 묘사한 그림을 통해 알 수 있습니다.

이 배경을 잘 관찰하는 것만으로도 한 시대를 이해할 수 있습니다. 요정이나 괴물 같은 환상의 등장인물을 표현한 그림책의 경우, 배경이 주는 힘은 상상의 한계를 박차고 나가게 합니다. 글에서는 언급되지 않던 내용이 배경을 통해 펼쳐지면 독자는 집요한 장치를 찾아내고 이야기의 무대를 더욱 입체적으로 건설하며 즐거움을 늘려갑니다. 그림책은 끊임없는 상상력과 무궁무진한 흥미를 완벽히 융합하는 장르라 확신합니다.

예

《건전지 엄마》 배경 파악하기

양육자 : 지금 이 배경은 어디야?

아이 : 어린이집이요.

양육자 : 맞아. 어린이집에서 선생님이 쓰는 모든 기계에는 사실 건전지 엄마가 들어 있었나 봐. 어린이집에서 낮잠 잘 때 체온 재던 거 기억나?

아이 : 어린이집 다닐 때 낮잠 잘 때만 아니라 등원하고 하원할 때도 쟀던 것 같아요.

양육자 : 어린이집을 나타낸 그림을 보면 식판에 음식을 받아서 교실에서 앉아 나눠 먹던데 정말 이렇게 먹었어?

아이 : 네. 저희 밥 먹을 때 친구들이랑 같이 책상에 앉아서 같이 먹었어요.

양육자 : 그 음식 만들 때 건전지 엄마가 들어 있는 기계로 만들었다고 상상하면 재미있지 않아?

그림책 읽고 캐릭터 분석하기

그림책에 주어지는 캐릭터는 분명하게 표현되어 있으므로 캐릭터를 왜 이렇게 표현했는지 생각해 봅니다. 머리가 삐죽삐죽한 아이의 눈매, 소심하고 불안함이 많은 캐릭터의 손 모양, 전학 온 친구의 시선 등 캐릭터가 가지고 있는 분위기나 성격이 그림으로 전달됩니다. 그림을 통해 캐릭터가 가진 성격과 상황을 짐작해 보고 다양한 해석을 해 볼 수 있습니다. 그림책에 등장하는 캐릭터와 나 사이에서 어떤 배경이 다르고 어떤 성격이 다를지도 생각하며 캐릭터를 중심에 두는 서사도 주목합니다.

> **예**
>
> ### 《건전지 엄마》 캐릭터 분석하기
>
> **양육자 :** 건전지 엄마의 성격은 어떤 것 같아?
> **아이** : 항상 미소 짓고 있는 걸 보면 착한 거 같아요.
> **양육자 :** 그런데 불이 날 것 같으니까 엄청 용감하고 단호해 보이지?
> **아이** : 네. 그리고 집으로 돌아가는 퇴근길에는 지쳐 보였어요. 종일 일을 해서 힘든가 봐요.
> **양육자 :** 집에 가서 엄마를 반기던 아이들을 보니 건전지 엄마가 어때 보였어?
> **아이** : 엄마가 아이들의 색깔로 물들면서 행복해 보였어요. 아이들도 엄마를 기다린 것 같아요.

그림책은 다양한 시선으로 해석하고 생각할 수 있으며 그림과 글을 활용해 끊임없이 질문할 수 있습니다. 어른도 아이도 그림의 장에서 편안하게 대화 나누고, 각자 다른 느낌과 감상을 주고받으며 감성과 안목을 키울 수 있습니다.

˚한글을 **잘 익혀야**
글도 **잘 읽을 수** 있어요

여덟 살에 우리 교실에 온 민우는 아직 글 읽기에 서툽니다. 한글 해득이 되지 않은 채 학교에 입학했고 천천히 글자를 배워 가고 있지요. 자음과 모음의 소릿값을 여러 번 생각하며 더듬더듬 읽기 시작한 민우는 읽기라는 긴 여정의 출발점에 서 있는 것입니다. 한글을 완전히 깨치기 전에 독서 교실에 온 민우 어머님은 민우가 아직도 책을 제대로 읽지 못한다고 걱정하셨습니다.

저는 민우 어머님께 스스로 책을 읽기를 바라기 이전에 한글 해득을 제대로 끝내야 한다는 걸 강조했습니다. 그리고 그전까지는 양육자가 읽어 주는 질 좋은 독서 시간을 더 쌓아가야 한다고도 강조했지요. 교실에서는 민우가 흥미를 느낄 수 있는 그림책들을 골라 깊이 읽고 대화 나누는 시간으로 꾸리고 한글 자모음의 소릿값을 이해하게 도왔습니다.

독서의 기본 능력은 당연히 읽기입니다. 독서는 읽기와 더불어 고도의 인지 능력을 요구하는 행위입니다. 단순한 글자 인식 능력을 넘어 독해와 사고로 능력을 정진시켜야 한다는 말이죠. 그러려면 한글 해득 교육을 통해 글자 정보를 스스로 처리해야만 글이 전달하는 의미를 정확히 파악할 수 있겠죠. 그래야 서서히 질 좋은 독서가 가능해집니다.

그러려면 첫째로 글자 인식이 되는지, 글자 소리를 낼 수 있는지가 중요합니다. 아직 한글에 대한 기본 개념을 깨우치지 못한 아이가 스스로 읽고 이해하고 해석하길 바라는 즉 '읽기 독립'을 하길 바라는 것은 기는 시기의 아이에게 걷길 요구하는 것과 같습니다. 한글을 하루빨리 속성으로 가르치라는 의미가 아니라 한글을 배우기 시작한 아이들에게 한글의 기본을 제대로 가르쳐야 한다는 의미입니다.

2015년에 개정된 초등학교 1학년 1학기의 한글 교육이 이전 과정에 비해 많이 강화되었습니다. 한글 해득의 중요성을 교육 과정에서 매우 강조하고 있다는 말입니다. 또 아이마다 한글 해득의 격차가 큰 이유도 있습니다.

공교육에서 한글 교육을 중요하게 여기는 것은 읽기 능력에서 한글 해득이 꼭 필요한 기본기이기 때문입니다. 그래서 음운 훈련을 통해 청각적 소리 정보와 시각적 철자 정보를 연결하는 작업으로 읽기 교육을 출발시킵니다. 이 교육 과정을 잘 살펴보면 독서의 기초가 보입니다. 이런 기본 과정을 생략하거나 기본을 잘 가르치지 않고 대충 한글을 접한 아이는 읽기 초입에서부터 흥미를 느끼기 어렵다는 말이 됩니다.

한글 기본을 잘 배우면 읽기의 기초를 견인하는 것이라는 연구 결과도 있습니다. 대부분의 양육자들은 아이가 초등학교에 가기 전인 일곱 살 쯤엔 웬만큼의 한글 교육은 마쳐야 한다는 생각을 합니다. 주변에서도 한글은 떼고 학교에 보내라는 이야기가 들리죠. 저 역시 완벽히는 아니더라도 초등학교 입학 이전에 한글 기본을 준비하고 가자는 의견에는 동의합니다.

공교육 안에서 스스로 자모음을 탄탄히 배워오기엔 안타깝게도 한계가 많습니다. 학교에 가자마자 알림장을 받아 적게 하고, 대부분 한글을 같이 읽는 수업으로 꾸려져 있습니다. 1학년 학생들의 한글 해득 격차는 천차만별이기 때문에 공교육에서 정한 평균 수준으로 한글 해득을 시작합니다. 그러다 보니 한글 기본 없이 학교에 가면 아이 스스로 따라가지 못하거나 이해하지 못해 힘들어하는 부분이 생기기 마련입니다.

그래서 초등학교 입학 전후로 양육자가 한글 공부를 돕는 시간이 필요합니다. 초등학교 입학 전 1학년 1학기 국어 교과서를 토대로 아이와 함께 예습 복습하고, 자음과 모음의 기초를 제대로 가르치는 시간을 말이죠. 초등학교 교과 과정을 충실히 따를 수 있다는 것은 음운의 소릿값을 잘 이해한다는 의미이고, 이것은 분명 독서의 기초를 기르는 데 도움이 됩니다.

초등 저학년은 읽기의 기초를 완성하는 시기입니다. 양육자의 관찰 아래서 음독(소리 내어 읽기)을 통해 정확히 소리를 낼 수 있는지, 한글 인지와 읽기 기초가 잘 구성되었는지를 꾸준히 확인해야 합니다.

초등 중학년부터는 독해를 본격적으로 배우기 시작합니다. 안내문을 이해하고 작품을 읽으며 줄거리를 본격적으로 파악하기 시작합니다. 가정에서 정해진 글을 함께 읽고 독해할 수 있는지 점검하고 질문할 필요가 있습니다. 음독이 아닌 묵독하는 가운데 독해가 가능한지 확인하는 것도 중요합니다. 줄을 생략하고 자기 마음대로 판단하거나 해석하지는 않는지, 문맥의 흐름과 전개를 잘 이해하고 있는지 질문해 봅니다. 또 반복적인 독서로 독해의 기능을 아이들이 익힐 수 있도록 돕습니다. 읽기 유창성도 점검해야 하는 부분이지요.

초등 고학년부터는 비판적 사고, 사실적 읽기, 추론, 창의, 독해를 통한 여러 독서 활동으로 읽기 깊이를 다져야 합니다. 중학교 입학을 기점으로 독해 능력의 수준 차이가 생기며 학습 능력이 감소하거나 읽기를 두려워하는 아이들이 급격히 늘어납니다. 고학년의 읽기를 미처 준비하지 않았다면 중학년부터 차근차근 연습하는 것이 중요하겠습니다.

하지만 아직 한글 교육이 필요하지 않은 영유아기 아이들의 독서라면 동물의 이름, 과일의 이름, 사물의 이름 등을 구별하여 시각적 변별 능력을 기르는 그림책, 주의 집중력과 인지 능력, 언어 능력을 올려 주는 의성어와 의태어가 풍부한 그림책, 단순하고 명확한 색감으로 구성된 그림책이면 충분합니다. 한 권을 반복해서 읽어 주는 것도 좋습니다. 아이의 조절력과 주의 집중력을 기르고 독서 흥미를 일깨우는 정도면 충분합니다.

한때 저도 전집에 혈안이 되어 있었습니다. 어린아이에게 자연, 과학, 수학, 창작, 세계 명작, 영어 등 다양한 분야의 그림책 전집을 고가의 비용을 지불하고 사들였던 사람입니다. 아이 독서 영역을 더 섬세하게 공부할수록 느끼는 것은, 전집은 학부모들의 욕심과 불안을 염두에 두고 고안한 교육시장의 장치가 아닌가 하는 생각입니다.

영유아기 아이들이 다양한 분야의 지능과 정서를 발달시킬 수 있도록 교육적 효과를 내세워 만든 전집은 그저 책 소비를 부풀리는 장치일 뿐 사실 단행본과 다른 특별한 의미가 존재하진 않습니다. 전집이 나쁘다는 것이 아니라 분야별 전집을 꼭 사야 할 것 같은 강박을 가질 필요가 없다는 것이지요. 전집도 단행본과 같이 책의 기능을 할 뿐입니다. 영유아기엔 엄마가 재미있게 읽어 주는 단순하고 명쾌한 그림책이면 충분합니다. 그리고 그 책을 영유아기 아이들은 훨씬 선호합니다.

한글 익히기

 QR 코드를 찍으면 아이와 함께할 수 있는
활동지를 다운로드 받을 수 있어요.

한글 습득 완성하기
예비 초등 ~ 초등 1학년

1 발음 지도하기

정확한 발음은 한글 습득의 튼튼한 기초입니다. 아이들이 정확한 발음으로 읽을 수 있도록 자음과 모음 카드를 만들고 자음이 가진 소리와 모음이 가진 소리를 정확히 구분해서 들려줍니다. 그리고 자음과 모음이 만났을 때 나는 소리를 제대로 알려 주는 것 역시 중요합니다. 양육자가 소리 내고 아이가 따라 하는 연습을 많이 할수록 좋습니다. 자음과 모음을 따로 적은 카드를 만들고 자모음이 합해질 때 나는 소리를 표현하게 합니다. 정확한 발음으로 말할 수 있게 지도자가 읽는 것을 듣고 따라 하게 합니다. 받침도 넣어 읽게 합니다.

발음 지도 간단 가이드

1. ㄱ, ㄴ, ㄷ, ㄹ, ㅁ 등의 자음을 말할 때 입 모양과 소리 들려주기
   예 그 느 드 르 므 크게 소리 내어 반복하기
2. 가, 나, 다, 라, 마 등으로 자음과 모음을 합한 입 모양과 소리 들려주기
3. '가'에서 가방, '나'에서 나비, '다'에서 다람쥐로 확장된 단어 입 모양과 소리 들려주기
4. 받침 단어 읽게 하기
   예 컵, 물, 쌀, 강낭콩, 숟가락, 젓가락, 책상, 식탁, 손잡이

2 낱말 알기

주변에 있는 사물이나 동물 등 아이 스스로 관심 있는 단어들을 추려 낱말 카드로 만듭니다. 확실한 맞춤법과 발음을 인식할 수 있게 돕습니다.

저학년일수록 자신에게 무의미한 낱말들을 알려 주는 것은 흥미를 떨어뜨립니다. 가마솥을 보지도 접하지도 않은 아이에게 '가마솥'이란 낱말을 알려 주는 것은 단순 암기로만 이어지며 기억하더라도 금방 증발할 수 있습니다. 저학년일수록 익숙하고 친숙한 사물과 단어, 쉽고 간단한 의미가 있는 낱말을 먼저 준비하는 게 효과적입니다.

아이들이 좋아하는 캐릭터 이름이나 과자 봉지, 간판 이름 등을 따오는 것도 좋은 방법입니다. 카봇, 약국, 자동차, 티니핑, 포켓몬스터 등 아이들이 좋아할 만한 캐릭터 이름으로 낱말 카드를 만드는 것도 방법입니다.

예를 들어 아이들이 좋아하는 캐릭터인 '파이리'라는 낱말 카드를 만들어 보여 준다면, 처음엔 파이리가 금방 떠오를 수 있도록 낱말에 파이리 캐릭터 색인 주황색을 입혀 보여 주는 것이 좋습니다.

과일 포도를 설명한다면 포도의 색이 떠오르는 보라색이 좋겠죠. 각 단어와 연관된 색깔로 아이는 대상을 떠올리고 글자를 그림으로 먼저 인식합니다.

이렇게 해당 카드를 보고 읽는 것에 익숙해지면 그다음엔 글자 위에 두꺼운 검정 매직으로 글씨를 덧입혀 쓰게 합니다. 검은색 글자를 보고도 단어를 파악할 수 있도록 읽어 주고 보여 주며 한글 습득을 꾸준히 연습시키는 방법입니다.

3 자음 모음 분류하기

낱말을 보고 자음과 모음을 따로 분류하는 활동으로 초등학교 1학년 1학기 교과 과정에도 수록된 내용입니다. 주변의 사물, 과일 혹은 자신의 이름 등 익숙한 낱말을 사용해 자음과 모음을 분류합니다.

예

포도	자음	ㅍ, ㄷ
	모음	ㅗ
홍길동	자음	ㅎ, ㄱ, ㄷ, ㅇ, ㄹ, ㅇ
	모음	ㅗ, ㅣ

이러한 작업은 발음이 나는 소릿값을 이해하는 데 큰 도움이 됩니다.

어휘 넓히기
초등 2~3학년

1 사전으로 어휘 의미 찾기

국어사전을 옆에 두고 책에 나오는 단어들을 직접 찾아 단어장을 만듭니다. 실제 알고 있었던 단어도 막상 찾아보면 생경하게 느껴지는 의미가 많습니다. 그것을 발견할수록 어휘력은 급속도로 상승합니다. 새로 발견한 단어가 있는 페이지엔 인덱스 스티커를 붙일 수 있게 합니다. 이 행위는 아이 스스로가 국어사전에 있는 단어를 발견하고 인덱스 스티커를 모아가는 재미도 느끼게 합니다. 책 테두리에 인덱스 스티커가 많이 모여질수록 아이는 효능감과 뿌듯함을 느낍니다.

> **예 모르는 문장 속 단어**
>
> 엄마가 **미음을** 쑤었다.

초등 저학년은 '미음'의 뜻이 무엇인지 대부분 알지 못하고 자음 'ㅁ'을 떠올리기도 합니다. 어휘력이 부족한 아이들이 모르는 단어를 체크하고 직접 뜻을 찾아볼 수 있게 도와주세요. 미음의 사전적 정의는 다음과 같습니다.

> **미음** 입쌀이나 좁쌀에 물을 충분히 붓고 푹 끓여 체에 걸러 낸 걸쭉한 음식. 흔히 환자나 어린 아이들이 먹는다.

사전을 찾았으면 인덱스 스티커를 붙여 단어를 수집하는 재미를 제공합니다.

2 문맥으로 어휘 익히기

하나의 예시문을 제시하고 문맥 속에 있는 어휘가 어떤 의미일지 아이 스스로 생각하게 합니다. 자신이 생각한 의미를 적고 나서는 국어사전에 기록된 실제 의미도 찾아서 자신이 생각한 뜻과 같은지 비교해 봅니다. 유추한 단어를 통해 이야기 나누는 시간을 가지면 의미를 유추하는 힘이 길러지고, 어휘력 역시 쑥쑥 올라갑니다.

> **예 책 속 문장**
>
> 소미는 다리가 다친 은정이를 도와주었다. 은정이를 주시하며 종일 은정이의 곁을 지켰다. 은정이가 일어나려고 하면 서둘러 옆으로 가 은정이의 팔을 잡아 주고 은정이가 무언가 필요한 듯 두리번거리면 은정이에게 "뭐 필요한 거 있어?" 하곤 곧장 물었다. 은정이는 소미가 베푸는 따뜻한 호의를 알고 있을까?

주시	내가 생각하는 뜻	보호하다
	국어사전 뜻	어떤 목표물에 주의를 집중하여 보다
호의	내가 생각하는 뜻	좋은 자리
	국어사전 뜻	친절한 마음씨. 좋게 생각하여 주는 마음

질문하며 읽기

초등 5~6학년

읽기는 글 속에서 독자의 배경지식이 함께 상호 작용하는 과정입니다. 고학년 아이들은 단순히 글을 받아들이는 것을 넘어 질문에 답을 내리고 탐색해야 더 능동적 일 수 있습니다.

1 인물 따라가며 읽기

꼭 주인공이 아니더라도 하나의 인물을 지정하여 그 인물의 마음은 어떨지, 왜 이런 말을 했을지, 왜 이런 선택을 했을지 질문하며 읽다 보면 자연스럽게 생각하는 구조가 트입니다. 그 인물을 이해할 수 없을 때 부정적인 생각이 드는 것도 수용합니다. 그렇게 하다 보면 비판적 사고도 열립니다. 인물을 따라가며 읽는 쉬운 방법 하나는 주인공을 '나'로 대입하는 것입니다.

> **예**
>
> **《거짓말 노트》 읽고
> 거짓말 노트의 주인공이 되어 보기**
>
> 《거짓말 노트》 조호재 글, 김선배 그림/대교북스 주니어/2020
>
> 나도 거짓말 노트를 갖게 되었다. [상상] 이곳에 거짓말을 적으면 현실이 된다니. 당장 부자가 될 수 있는 기회가 내게 생긴 게 꿈만 같다. 주인공처럼 호화로운 삶을 선택하고 싶기도 하지만 아무 노력 없이 얻어지는 게 있을까? [질문] 노력하지 않고 이룬 것이라면 그만큼 불안하고 겁이 날 것 같다. [대입]

> 모든 게 한순간에 사라지고 나면 노력하는 방법도 모른 상태로 살 것이고, 아마 나는 열심히 살지 않을 것 같다. 비판적 사고

2 작가의 의도를 파악하고 다양하게 생각하며 읽기

하나의 작품을 읽고 그 작가에 대해서 알아보는 시간을 갖습니다. 책을 읽고 작가가 표현하고자 했던 작품의 의도가 무엇인지, 이 내용과 장면을 넣은 이유가 무엇인지 질문지를 만들고 스스로 생각하게 합니다. 자신만의 답을 가지고 읽으면 읽기의 세계가 확장됩니다.

예

《강남 사장님》 읽고 생각해 보기

《강남 사장님》 이지음 글, 국민지 그림/비룡소/2020

주인공을 고양이로 둔 이유가 뭘까?
이 글을 쓴 작가는 아마 고양이를 키우거나 특별히 고양이를 좋아하고 있을 것 같다. 고양이의 성격이나 특징을 잘 파악했고, 구체적으로 묘사한 걸 보니 고양이를 좋아하는 게 느껴진다.

고양이에게 인간과 대화할 수 있는 능력을 준 작가의 의도는 무엇일까?
고양이가 말할 수 있어야 주인공과 소통이 가능해지면서 서로 몰랐던 속마음을 나눌 수 있고, 비밀도 밝히며 새로운 이야기를 만들어 낼 수 있어서 작가가 사용한 장치일 것이다.

내가 작가라면 이 이야기를 어떻게 수정했을까?

강남 사장님과 등장하는 주인공은 가난하고 힘든 학생이지만 고양이를 만나게 되면서 성장해 나가는데, 나라면 주인공이 크리에이터이고 길고양이가 나의 알바생이 되어 고양이와 함께 유튜브 방송을 하는 스토리로 수정할 것 같다.

3 배경을 상상하며 읽기

작품에 쓰인 배경이 어느 시대를 나타내고 있는지 파악하고 시대적 배경을 찾아봅니다. 현재와 비교하고 그 시대는 어떻게 살았는지 탐구할수록 이야기 속에 등장하는 인물이나 사물, 말투와 행동이 예사로 느껴지지 않습니다. 배경을 이해하면 작품 이해도는 훨씬 깊어집니다. 다양한 시대가 반영된 작품들을 마련하고 그 시대 배경을 아이들이 찾을 수 있는 기회를 제공하며 충분히 이야기 나누는 시간은 깊이 있는 독서를 완성합니다.

예

《몽실 언니》 읽고 시대적 배경에 맞는 줄거리 생각하기

《몽실 언니》 권정생 글, 이철수 그림/창비/2013

○ **배경** : 6·25 전쟁이 시작될 무렵

몽실이의 아버지는 6·25 전쟁이 터지고 갑작스럽게 전쟁터의 용병으로 끌려간다. 당시 집안 남자들 대부분이 용병으로 끌려갔다. 남은 가족들은 피난을 떠나거나 전쟁 속에서 살아남으려고 참혹한 현실을 견

디며 사는데 그 와중에 몽실이의 동생이 태어나 동생 이름을 '난남이'라 짓는다. 뜻은 난리 통에 태어난 아이다. 갑작스러운 전쟁으로 먹을 것이 떨어지고 전쟁 중에 사람들은 많이 죽고 다쳤다. 먹을 것이 떨어진 사람들은 식모나 노비로 팔려가 일하며 겨우 입에 풀칠하게 된다. 전쟁의 참혹함을 배경으로 생을 유지하는 힘겨운 삶이 생생하게 묘사되고 있다.

새벽에 읽는 책에는
특별한 힘이 있어요

큰아이는 초등학교에 가고부터 새벽 6시에 일어나 책을 읽습니다. 아이 혼자가 아닌 저와 함께 책을 고르고 각자 책을 읽는 시간입니다. 다른 시간이 아닌 새벽을 고른 이유가 있습니다.

새벽은 번잡함과 난잡함을 지웁니다. 나도 세상도 고요하고 침착한 기운으로 평온해지는 듯합니다. 그 기운이 더 꼼꼼하게 내면을 돌보게 만들죠. 오롯이 사유를 즐기기에 충분한 시간입니다.

밤잠이 많은 딸아이는 또래 친구들과 비교했을 때 일찍 잠에 드는 편이기 때문에 보통 새벽 6시면 눈을 뜹니다. 아이들과 일어나 간단하게 머리를 묶고 이를 닦은 후 곧장 책을 읽습니다. 아직 한글을 모르는 둘째는 무릎에 앉아서 한 권 정도 조용히 읽어 주고 큰아이는 자신이 좋아하는 책을 골라 소파에 앉아 읽죠. 반복해 읽었던 그림책 같은 경우 둘째에게 스스로 읽으라고 한 후 저도 10분에서 15분 정도 자리에서 책을 읽습니다. 같은 책을 읽을 때도 있고, 각자 원하는 책을 따로 읽을 때도 있습니다. 이렇게 따로 또 같이 읽는 시간을 수개월 보냈습니다. 이 시간을 통해 아이들이 스스로 독서를 택하는 이유를 찾길 바라는 마음에서 강요하지 않고 자연스레 분위기를 조성했죠. 읽기 싫다고 하는 날엔 조금 더 자게 두었고, 흥미를 보이지 않을 땐 흥미가 될 수 있는 책을 골라 조용히 곁에서 읽어 주었습니다. 읽기 귀찮을 땐 만화책도 보았죠. 보드게임의 나무 블록을 올리듯이 천천히 시간을 쌓았습니다.

아이들이 몰입하면 조용히 일어나 아침 식사를 준비합니다. 상을 차리며 새벽녘에 피어난 낯설고 이상적인 시간을 뭉클하게 바라봅니다. 텔레비전 소리나 소음 없이 집중하는 시간, 가족과 함께 책을 읽고 교감하길 바랐던, 꿈같은 시간이 진정으로 꽃을 피웁니다. 잘 지어진 밥알의 단 기운이 빠져나갈까 설설 된 밥을 저어가다 밥 먹자고 아이들을 부르면, 책에서 아쉬운 눈을 거두고 식탁에 모입니다. 그제야 책 속 이야기를 두런두런 나눕니다.

저녁은 모두에게 가장 바쁜 시간입니다. 하루를 보내고 집에 오면 해야 할 일들이 많아집니다. 아이를 씻기고 먹이고 숙제를 봐 주고 집안 살림도 한가득입니다. 저녁 독서는 시간을 만들어야 하기에 의무감과 귀찮음이 섞일 수밖에 없습니다. 그래서 막 일어난 아침 시간을 택했습니다. 시간을 따로 내지 않아도 여유롭게 보낼 수 있는 아주 이른 아침 말이죠. 각자 편안한 독서 스팟을 만들어 함께 읽고 나누는 시간을 보내면서 독서에 대한 우리 가정의 룰이 새로 태어난 기분입니다.

이상적인 독서의 시간을 꿈꾸는 양육자에게 저는 새벽 기운을 꼭 알리고 싶었습니다. 새벽은 하루를 보낼 힘이 꽉 채워진 시간, 하지만 그 힘이 아직은 잠자고 있는 시간입니다. 독서로 그 힘을 깨우는 순간을 느껴 보세요. 한 줄이라도 아이들과 함께 읽고 이야기 나누는 새벽 시간이 가치 있습니다.

저절로 책 읽는 아이는 없습니다. 함께 취향을 덧입히며 좋은 경험과 시간을 같이 채우는 과정이 필요합니다. 아이와 어떻게 책을 읽을 것인가라는 물음 앞에 '매일, 같이, 즐겁게' 이 세 가지의 원칙을 꼭 염두에 둡니다.

새벽 독서를 해 보세요. 책이 도움이 될 거라는 욕심은 숨기고 함께 읽는 즐거움을 경험하게 해 주세요. 새벽녘 작은 불빛 하나 아래 모여드는 시간에는 아이들에게 조용히 책이 다가갑니다. 딱 3개월이 지나면, 부스스한 머리칼을 눌러 가며 책 한 권을 들고 자신의 자리로 향하는 아이를 마주할 것입니다.

▲ 새벽에 일어나 독서하는 아이들

STEP 02

아이와 함께
책을 읽어요

○ 빨리 말고 깊이,
한 달에 한 권도 충분해요

　수업을 진행하다 보면 순식간에 "다 읽었어요." 하고 책을 덮는 친구가 있습니다. 책 내용에 대해 질문하면 등장인물의 이름 정도만 알고 정작 중요한 내용이나 흐름은 전혀 파악하지 못하고 있죠. 책의 내용을 오로지 글자로만 인식하고 이야기 흐름에 전혀 몰입하지 못한 것입니다. 그저 '글자 읽기'로만 책을 대하는 경우지요.

　최근 늘어나는 이런 경우는 빨리 넘어가는 장면들이 익숙한 미디어 세대의 모습입니다. 능동적인 몰입이 필요한 책보다 알아서 장면을 구체적으로 보여 주는 미디어가 훨씬 더 자극적이고 편리하기 때문입니다. 내가 몰입하려는 노력 없이도 자연스럽게 빠져들게 만드는 구조는 아이의 읽기 능력을 갉아 먹습니다. 생각하는 힘은 사라지겠죠. 수동적 몰입에 익숙해지는 순간 책 읽기는 힘들 수밖에 없습니다. 조금만 집중을 놓치면 책은 이야기가 아닌 글자로 전락하고 말 테니까요.

　과거만 해도 속독과 다독을 최고로 여기던 교육을 받았습니다. 학교에서 속독을 연습시키고, 동그라미가 잔뜩 그려진 종이를 바라보며 1분 동안 몇 번을 읽는지 파악하게 했습니다. 학원가엔 속독 학원이 즐비했죠. 다독왕을 뽑아 상을 주는 시스템을 도입했고, 독서 마라톤이라는 형식으로 스티커를 모아 독서를 부추겼습니다. 속독과 다독이 꼭 나쁜 것만은 아니지만, 많이 읽고 빨리 읽는 것에 집중되는 바람에 정작 사유할 수 있는 시간이 사라졌죠.

하지만 현재는 다릅니다. 교육 과정에 '한 학기 한 권 읽기'가 도입된 것을 보면 알 수 있듯이 느리게 읽기, 깊이 읽기, 정독이 중요해지고 있습니다. 왜 중요할까요?

몰입하여 깊이 읽을수록 사유의 숨구멍이 넓어집니다. 이 말은 빨리 읽을수록 독서에서 따라오는 독자의 물음표 자리가 사라진다는 의미입니다. 책에서 독자의 자리가 생기는 것, 생각의 공간이 생기는 것은 정독, 깊이 읽기에 있습니다. 그래서 아이들에게 책은 많이, 빨리 읽는 것이 아닌 천천히 오래도록 깊이 읽는 것이라고 강조합니다. 속독은 독자가 스스로 하는 생각을 증발시키기 때문입니다.

저는 교실 아이들과 함께 독서할 때 한 달에 한 권, 많게는 얇은 책 두 권 정도 읽는 것으로 목표치를 설정합니다. 가정에서 책을 미리 읽어오라는 숙제도 내주지 않습니다. 60분의 시간 동안 교실에서 오롯이 저와 함께 읽습니다.

독서는 묵독(소리 내지 않고 읽기)이 기본적인 자세지만 글자에 익숙하지 않은 저학년은 음독을 병행하여 소리 내게 하고 천천히 깊이 읽을 수 있도록 돕습니다. 단락을 정해 돌아가며 읽고 또 읽은 후에 내용을 정리하고 이야기하며 한 권을 천천히 음미합니다.

정독이 습관이 된 아이는 한 줄, 한 장면이 전체 이야기에 엄청난 역할을 한다는 것을 압니다. 모든 이야기를 소중하게 다루고 모든 어휘와 내용을 꼼꼼하게 살피며 복선과 갈등, 주제를 놓치지 않습니다. 책 속 묘사를 보며 머릿속에 더 선명한 모습의 주인공을 세워 둘 수 있습니다. 이런 독서를 통해 자연스럽게 사유하고 창의합니다. '깊이 읽기'는 책 속 표현과 비유, 묘사를 통해 허구의 인물을 자신 안에 세우고 구체화하면서 더욱더 멋진 독자가 됨을 의미합니다.

깊이 읽기를 통해 아이들은 허구의 인물을 사랑하고 응원합니다. 그러면서 주변에 있는 사람들을 생각할 수 있는 계기가 되기도 합니다. 《까막눈 삼디기》의 삼디기를 통해서 글을 읽지 못하는 친구를 이해하고 돕고 싶어집니다. 《쿰바의 꿈》을 읽으며 아프리카 땅에서 깨끗한 물도 마시지 못하고 가난과 굶주림으로 힘들어하는 친구들을 상상하고 가슴 아파합니다.

나만 사는 삶이 아닌 모두 함께 사는 삶을 꿈꿉니다. 책을 통해 마음속에 세운 인물은 미디어보다 더 오래도록 내 안에 작용합니다. 이것이 책이 주는 긍정적인 효과입니다.

정적인 활동을 힘들어하는 아이라면 중간중간 소리를 낼 수 있는 이야기 요소가 많이 들어가야 합니다. 읽은 내용을 생각하고 소리 내어 말하게 함으로써 아이는 생각을 분출하고 정리합니다. 그런 활동을 반복하면 점진적으로 길어지는 정적인 시간을 견디고 즐길 수 있습니다.

또한 아이들은 편안한 양육자와의 독서 시간에서 더할 나위 없는 충만한 감정을 느낍니다. 독서 행위를 스스로 선택하기 이전에 양육자와 함께 나눈 독서 시간이 많을수록 자신의 인생에서 독서에 많은 시간을 할애하는 독자가 될 수 있습니다.

　또 양육자와의 독서 경험이 많은 아이는 양육자가 권하는 도서에 믿음을 갖습니다. 함께 이야기 나눌 시간을 기대하며 어떤 내용일지 호기심을 갖고 적극적으로 몰입해 책을 읽어 갑니다.

깊게 읽는 **연습하기**

단락을 나눠 소리 내며 읽기
초등 1~2학년

읽기의 기초는 묵독이지만 저학년은 음독을 병행하는 것이 필요합니다. 음독은 소리 내며 읽는 것을 말하는데요. 말로 정확하게 읽지 않는 상태에서 어미를 마음대로 바꾸거나 조사를 생략하는 경우를 바로잡고 정확한 발음으로 읽어야 후에 묵독에서도 정확한 읽기가 가능해지기 때문에 음독을 통해 체크하며 연습하는 것이 좋습니다. 양육자와 함께 단락을 나눠 번갈아 읽고 부적절한 발음이나 생략된 음절은 바로잡아 주세요.

또 단락별로 중요한 줄거리나 내용이 무엇인지 주제별로 이야기 나누고, 전개를 잘 따라오고 있는지 확인하는 시간을 갖는 것도 중요합니다.

예

《3월이 방학인 학교》 한 문장 읽기

《3월이 방학인 학교》 송승주 글, 김유진 그림/책읽는곰/2019

책 속 문장
다시 가게로 들어가려던 할아버지는 누군가가 안내 글에 낙서해 놓은 걸 보았어.

아이가 읽은 문장
"다시 가게로 들어가려던 할아버지는 누군가가 안내에 낙서해 놓은 걸 봤다."

어미를 바꾼 부분과 빼먹은 음절을 한 번 더 체크하여 양육자가 큰 소리로 읽어 주고, 다시 아이가 문장을 정확하게 읽게 합니다. 책과 차이 없이 읽는다면, 지금까지 읽은 내용을 요약해 본 후 내용을 이해했는지 확인합니다.

'한 학기 한 권 읽기'에 토론 덧입히기
초등 3~4학년

2015년 개정 교육 과정의 '한 학기 한 권 읽기'는 정독으로 가는 전형적인 슬로우 리딩의 예입니다. 3, 4학년을 시작으로 현장에서 적용되고 있는 방법입니다. 반복해서 책을 읽고 감상과 느낌을 충분히 나눕니다. 하나의 화제로 각자의 의견을 이야기하는 토론을 개입시키는 순간 자신의 의견을 구체적으로 전달하기 위해 읽기 능동성이 올라갑니다. 어떤 것을 중점적으로 말할지 설계하면서 자연스럽게 책의 구조를 익힙니다.

> **예**
>
> ### 《수탉이 알을 낳았대》 읽고 하나의 화제로 토론하기
>
> 《수탉이 알을 낳았대》 윤영선/바람의아이들/2005
>
> **양육자** : 바실리스크는 우리와 다른 생김새를 가졌고, 자꾸 뿜어져 나오는 독 때문에 외롭게 지내잖아. 우리 주변에도 바실리스크처럼 외롭고 소외된 친구들이 있겠지? 우리 주변에 외롭게 지낼 친구, 편견과 차별을 겪는 친구는 누가 있을지 이야기 나눠 보자.

아이 : 생김새가 우리와 다르다고 차별받는 건 인종이나 국적이 다른 친구들, 다문화가정 친구들이 있어요. 우리랑 피부색, 생김새가 다르다는 이유만으로 차별받고 놀림당하곤 해요. 바실리스크도 생김새가 달라 소외당하는 것처럼요.

양육자 : 장애인 친구들도 그래. 휠체어를 타거나 앞이 안 보이거나 자폐 스펙트럼 장애를 앓고 있는 친구들도 편견과 차별받는 경우가 많지. 하지 못할 거라고 소외시키고, 나와 다르다고 이해하지 않고 따돌리는 경우도 많아. 몸이 불편하고 장애를 가진 건 잘못이 아니니 우리가 같이 돕고 함께 어울리며 살아가는 게 중요해.

독서 후 생각을 주도적으로 말하기
초등 5~6학년

다양한 사고 감각을 기를 수 있는 독서 형태가 필요해지는 시점입니다. 내 생각을 확립할 수 있도록 근거를 구체적으로 제시할 수 있게 도와주세요. 독서 후에 드는 생각의 이유를 자신의 언어로 충분히 설명할 수 있는지 확인하는 작업으로 깊이 읽었는지 확인할 수 있습니다. 왜 그런 생각이 들었는지, 설득 가능한지의 여부를 점검하는 것은 옳고 그름의 문제보다도 사고의 확장을 돕는데 큰 의미가 됩니다.

본인이 고른 책을 활용해 양육자에게 설명하고 불편했던 점과 좋았던 점, 저자가 무엇을 말하려는지 등을 이야기할 수 있습니다. 독해 능력이 쌓이지 않은 고학년이라면 굉장히 어려워할 것입니다. 그럴 땐 한 단계 낮춰 본인이 재미를 발견하는 책을 읽고 설명할 수 있게 돕는 것이 중요합니다.

> **예**
>
> ### 《복제인간 윤봉구》 읽고 드는 생각과 이유로 대화 나누기
>
> 《복제인간 윤봉구》 임은하 글, 정용환 그림/비룡소/2017
>
> **양육자** : 영국에서 양의 체세포를 채취한 유전자로 만든 복제 양 돌리가 생각나네. 복제 동물이 탄생하면서 복제 인간도 만들 수 있겠다는 과학의 놀라운 가능성은 증명되었지만, 복제로 태어난 생명의 존엄성은 어떻게 지켜야 할까? 생명을 연장하기 위한 대체품이 생명이 되는 것은 괜찮을까?
>
> **아이** : 복제인간 윤봉구는 자신이 복제 인간인 걸 모르다가 형의 심장을 고치기 위해 복제된 인간이란 걸 알게 되잖아요. 자기 자신의 존재로 태어난 것이 아니라 누군가의 생명을 이어 주기 위한 인간으로 태어났다는 것만으로도 절망감이 들고 회의감이 들 것 같아요.
>
> **양육자** : 그러게, 복제된 봉구가 형의 생명 연장의 도구로 사용될 수 있다니. 잔인하기도 하고, 안타깝고 화도 나네.
>
> **아이** : '나는 네가 복제 인간이란 걸 알고 있다.'라는 편지를 받고 떨던 윤봉구가 자신의 정체를 숨기고 안전을 보장받고 싶어 하잖아요. 인간으로 살고 싶은 본능이 있는 봉구의 몸부림을 보면, 똑같은 사람이란 걸 알 수 있어요. 내가 봉구라면 정말 두려울 것 같아요.

읽기는 단순한 교과 교육의 경계를 넘어 그 의미를 확장하고 있습니다. 시대가 제아무리 빨리 변하고, 미디어와 인공지능이 삶 구석구석에 침투한다 해도 독서의 영역은 오로지 개개인이 처리할 수 있는, 무엇으로도 쉽게 대체될 수 없는 능력입니다. 시대가 변화할수록 읽기 능력을 갖춘 사람이 더욱 빛날 수밖에 없습니다. 정확한 인지, 창의적인 생각, 혁신적인 아이디어, 공감과 배려, 정서와 나눔, 공감과 대화 이 모든 것이 읽는 힘에서 시작되지요. 독서를 통해 자꾸만 내면의 소리를 찾는 아이는 언어의 힘을 키워 좋은 소리를 내며 살아갈 것입니다. 그러기 위해서 아이의 독서는 관심과 배려가 필요하고 함께하는 시간이 필요합니다.

책을 깊이, 오래 읽게 도와주세요. 빨리 읽으라고, 많이 읽으라고 채근하지 말아 주세요. 때로는 소리 내며 때로는 조용히 읽으며 독서에 집중하는 시간을 만들어 주세요. 하나의 책을 같이 읽으며 다양하게 이야기를 나눠 주세요. 아이가 오랫동안 생각할수록, 자신의 책을 함께 나눠 읽은 양육자가 구체적인 질문을 던질수록, 그 읽기 능력은 놀랍도록 발전합니다.

˚읽은 책은 직접 **설명할 수** 있어야 해요

줄거리 요약을 힘들어하거나 글쓰기를 어려워하는 아이, 발표를 어려워하고 어떤 걸 말해야 할지 모르겠다는 아이들이 많습니다. 하고 싶은 이야기는 많은데 정작 어떻게 시작해야 할지 모르겠다는 아이도 많고, 요약 정리하는 게 힘들다는 아이도 많죠. 자신의 이야기를 잘 정리하는 연습으로는 각자 다른 책을 읽고 자신이 읽은 책을 설명하는 방식이 효과적입니다.

자신의 책을 설명하기 전에, 설명의 기초를 다지는 방법이 있습니다. 먼저 본인이 그린 그림을 설명하게 하는 것입니다. 자신이 그린 그림은 자신이 가장 잘 알기 때문에 작품을 소개하는 것 역시 본인이 가장 잘할 수밖에 없습니다. 청중에게 작품을 소개하는 일은 떨리지만 흥미로운 경험입니다. 특히 그림을 설명할 때 짧게 이야기하려고 하거나 발표를 부끄러워하는 아이에게 쓰는 좋은 방법은, 진행하는 어른이 먼저 그림에 대해 해석을 해 보는 것입니다.

"선생님이 보기엔 구름이 없으니 가을 하늘 같고, 새가 아래쪽으로 나는 걸 봐서는 지렁이를 찾은 것 같은데? 아기 새에게 먹이를 가져다 줄 생각에 설레는 어미 새 아닐까?"

제 나름의 해석을 덧붙이면 아이는 맞다, 틀렸다는 이야기가 금세 하고 싶어집니다. 그때 '발표'라는 프레임을 얼른 씌우지 말고, 아이가 차분히 이야기할 기회를 제공하며 말할 수 있는 분위기만 제공합니다.

"이 새는 독수리고요. 멀리 볼 수 있기 때문에 하늘 높이에 있어도 목적지가 보이죠. 구름은 귀찮아서 안 그린 거예요."

아이가 처음보다 목소리가 커지고 힘이 생기네요. 자신의 그림을 주의 깊게 봐 주었다는 그 관심의 눈빛이 흥미로운 말하기로 이어지는 것입니다. 그렇게 첫 말을 떼었다면 "자, 이제 너의 그림을 궁금해하는 친구에게도 똑같이 소개해 줄까?" 하는 순간 아이는 목소리도 한번 가다듬고 방금 했던 말을 얼른 되짚어 정리합니다. 다음 설명은 확실히 정돈되고 목소리도 차분합니다.

그림을 대신해 인물 소개도 좋습니다. 수업 전 아이가 좋아하는 아이돌이나 위인, 인물이나 친구 등을 물어보고 가능하면 사진을 가져 오는 과제를 내줍니다. 아이들이 빼먹지 않고 해 오는 과제로, 자신이 좋아하는 인물의 사진을 고심해서 선정하고 즐겁게 가져 옵니다. 엄마 사진을 가지고 오는 친구도 있고 아이돌 사진, 역사 인물 사진 등 각자의 취향과 애정이 담긴 사진을 가지고 오죠. 사진을 가지고 왔다면 수월한 말하기의 장은 그냥 열리는 셈입니다.

이미 알고 있는 인물일지라도 서로 아무것도 모른다는 얼굴로 이 인물은 누굴까 궁금해하고 예측도 하죠. 아이들은 서로가 설명하고 싶어서 안달입니다. 인물의 나이, 성격, 직업, 취향 등을 자세하게 설명하면서 즐거워합니다. 그리고 일전에 배웠듯이 규칙을 줍니다.

> - 말할 때 끼어들지 않을 것
> - 자신의 차례를 기다리며 친구의 이야기를 경청할 것
> - 말하는 사람도 청중을 배려해 정리하며 천천히 또박또박 말할 것

아이는 자신이 호감으로 데려온 인물을 청중이 좋아해 주길 바라는 마음으로 나이나 성격, 업적이나 장점 등을 자세히 설명합니다. 인물 소개는 아이들마다 가지고 있는 취향과 생각이 잘 반영되는 말하기를 돕습니다.

이렇게 자신의 정보를 전달하는 예열 연습으로 긴장을 완화하고 다음엔 각자 책을 읽게 합니다. 그리고 자신이 읽은 책을 읽지 않은 친구들에게 소개하는 시간을 갖게 하는데요. 책의 줄거리와 등장인물, 교훈 등을 설명하기 위해 구체적으로 생각하고 스스로 정리하며 본인이 읽은 책을 친구들이 흥미롭게 생각했으면 하는 마음으로 유리한 언어 배치를 하고 사고합니다. 이 과정에서 중요한 것은 읽은 내용을 말하기 전에 한 번 더 정리할 수 있다는 점, 정리한 내용을 말하면서 오래 기억할 수 있고 특별한 의미로 각인된다는 점입니다. 또 듣는 친구들 역시 책에 대한 흥미를 느낄뿐더러 친구의 말하기를 듣고 언어 배치에 힌트를 얻어 자신만의 요약 방식을 택해 말하기 시작합니다.

아이들과 함께 재미있는 말하기 시간을 충분히 가지면서 듣는 태도, 말하는 태도를 자연스럽게 알게 합니다. 그런 후에 말하는 독후 활동을 접목하면 깊이 있는 독서와 언어 활동을 완성할 수 있습니다. 또래 친구들과 함께 읽히는 게 어려운 가정에서는 가족 구성원이 그 파트너가 되어 주는 것이 중요합니다. 유아기와 저학년 시기에 스스로 책에 대한 효능감을 느끼며 자신이 이야기를 구성하고 정리하며 말로 알리는 행위로 날개를 달면, 책을 대하는 태도 역시 달라집니다.

(말하고 싶은 독서가 되는 핵심 키워드!)

1 말하고 싶은 도서를 직접 정하게 한다.
2 발표자로 서기 위해 듣는 사람이 적어도 한 명 이상 있게 한다.
3 듣는 사람 역시 자신이 읽은 책을 소개한다.
4 책의 줄거리와 등장인물, 줄거리, 인상 깊은 장면 등을 소개하고 말한다.
5 말하는 아이의 이야기를 경청한다.

나만의 책을 만드는 좋은 방법은 **낙서**예요

　교실 안 몇몇 아이들은 밑줄 치는 것, 책장을 접는 것, 책 표지가 망가지는 것을 두려워하곤 합니다. 책장 넘기는 것까지 매우 조심하고 또 조심하죠. 물론 책을 깨끗하게 보는 것은 잘못된 행동이 아니며 닮아야 하는 좋은 태도입니다. 아끼는 책일수록 깨끗하게 쓰고 싶은 마음도 이해되고 물건을 소중하게 다루며 오래 보고자 하는 마음도 기특합니다.

　하지만 저는 책 손상에 극도로 긴장해 읽기에 집중을 못하는 강박이 생긴 아이들을 만날 땐 오히려 '나만의 책 만들기'를 제안합니다. 책 속 문장에 적극적으로 밑줄을 긋고 메모하는 것이죠. 책을 더럽고 험하게 다루라는 의미가 아니라 내가 사랑하는 책으로 탈바꿈하는 작업으로, 책의 문장과 생각을 나만의 것으로 만드는 데 도움을 줍니다.

　읽다가 문득 드는 생각도 짧게 써 보고 좋은 문장에 밑줄 치다 보면, 그냥 읽을 때보다 문장이 주는 의미가 더 선명해지고 더 커집니다. 책을 깨끗하게 보려고 노력하는 아이에게 억지로 낙서하도록 스트레스를 줄

낳았는데 [불분명] 채소가 [불분명] 인가?
　그러자 샤워를 하고 있던 이모가 갑자기 목욕탕에서 튀어나왔다.
　"야, 강은지! 내가 왜 너를 낳아? 말도 안 돼! 나는 니네 엄마 아니거든?"
　이모는 흠뻑 젖은 고릴라처럼 고함을 지르고는 <u>다시 목욕탕으로 쏙 들어갔다.</u> 상상 하니 웃기다ㅋㅋ
　엄마와 할머니가 깔깔 웃었다. 나는 <u>무안해져</u> 웃으뜻이지 서 다시 울었다. 엄마가 손을 내밀어 나를 안아 주었다. 나는 울면서 엄마 품속으로 기어들어 갔다. 엄마 품은 아주아주 포근하고 향긋했다.

▲ 재미있는 문장에 밑줄, 짧은 메모와 모르는 어휘 체크, 모서리에 붙어 있는 인덱스 스티커

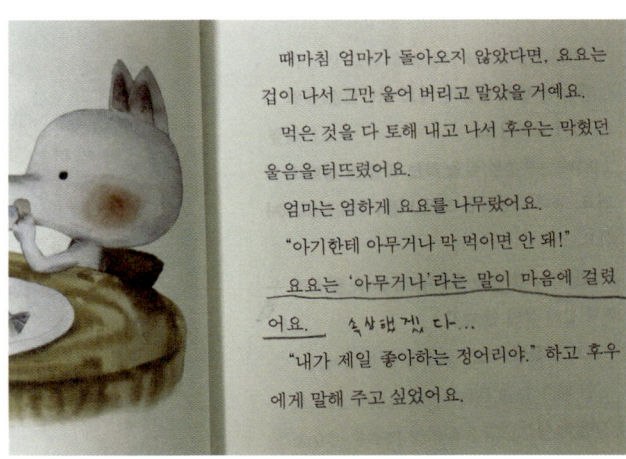

때마침 엄마가 돌아오지 않았다면, 요요는 겁이 나서 그만 울어 버리고 말았을 거예요.
　먹은 것을 다 토해 내고 나서 후우는 막혔던 울음을 터뜨렸어요.
　엄마는 엄하게 요요를 나무랐어요.
　"아기한테 아무거나 막 먹이면 안 돼!"
　<u>요요는 '아무거나'라는 말이 마음에 걸렸어요.</u> 속상했겠다...
　"내가 제일 좋아하는 젓어리야." 하고 후우에게 말해 주고 싶었어요.

▲ 인상 깊은 장면 밑줄, 짧은 자기 생각

필요는 없고, 존중하는 선에서 이런 경험을 만들어 줄 필요가 있습니다.

최고의 장면, 최고의 문장을 스스로 꼽는 재미는 오롯이 그 책을 읽고 있는 독자만이 누릴 수 있습니다. 처음 보는 생소하고 아름다운 어휘에 줄을 긋고 의미를 찾아 적어볼 때 그 단어가 더 오래도록 마음에 남습니다. 그렇게 마음에 남은 단어나 문장은 글을 쓰거나 말할 때 나도 모르게 튀어나오옵니다. 또한 감상이나 별점을 기록해 두면 나중에 그 책을 다시 보며 생각의 변화를 깨우칠 수 있어 좋습니다.

책은 종이들의 집합이 만들어 낸 하나의 물건이지만, 동시에 나에게 권위를 주는 도구입니다. 책을 읽는 속도, 나아가고자 하는 방향, 머물고 싶은 구절 등 집필한 작가 손을 떠나면 모든 즐거움과 선택사항이 그대로 독자에게 주어집니다. 이 독서의 매력을 아이들이 충분히 느끼려면 나만의 애정하는 책 한 권을 만들 수 있는 독자가 되어야 합니다. 새것 그대로 보관하려고 애쓰며 책 펴는 것에 겁을 먹는 아이가 아닌 능동적으로, 보다 적극적으로 책을 활용하며 독서하길 바랍니다.

미디어에 **무방비하게 노출된 아이**, 어떻게 관리하나요

    미디어로 인한 일상의 변화가 여기저기서 발견됩니다. 아이들이 자주 보는 미디어는 자꾸만 그 규모를 넓혀 가고 있죠. 저희 집도 마찬가지입니다. 주말에 할머니, 할아버지 댁에만 가면 자연스럽게 유튜브를 켜 달라 성화입니다. 유튜브를 못 보게 하는 엄마를 피해 언제나 너그러운 할머니, 할아버지에게 기대는 것이죠. 도시에서 즐길 수 없는 자연을 즐기기 위해 주말이면 할머니, 할아버지 댁이 있는 시골로 향하는데 의도와는 전혀 다른 반응입니다. 결국 혼을 내거나 미디어를 강제로 종료시켜야 합니다.

    미디어에 제한을 두어야 아이들은 밖으로 나가고, 장난감을 찾고, 책을 읽습니다. 어딜 가나 자연스럽게 미디어에 노출되는 시대이니 유희의 선택지에 미디어가 가장 먼저 선택됩니다. 어쩔 수 없이 조금은 강압적으로 제한하는 방법 이외엔 효과적인 방법을 찾기 힘듭니다. 아이들이 미디어를 찾는 이유는 간단합니다. 쉽고 편안한 자극이기 때문입니다.

흥미를 자극하는 세기는 거센데 내가 할 일은 하나도 없어 간편하기 때문이죠. 켜서 보기만 하면 그뿐인 수동적인 쾌락은 중독을 야기합니다.

교육 역시 미디어로 대체하는 경우가 많아지는 세태가 아쉽습니다. 글은 우리의 뇌를 구조화하고, 정리할 수 있는 기회를 제공합니다. 읽기와 쓰기를 통해 상호 작용을 하다 보면 훨씬 더 논리적이고 정돈된 사고를 할 수 있게 됩니다.

하지만 미디어가 공교육과 놀이 시장에 과하게 들어오면서 아이들은 공적인 교육도 미디어의 영향을 받고, 집에서 보내는 여가 시간도 미디어에 의존합니다. 원활한 상호 작용이 생략되는 미디어는 품질 좋은 교육이 될 수 없습니다. 많은 인원에게 쉽게 제공할 수 있다는 점, 공간의 제약이 없다는 큰 장점으로 시장이 확산하고 있습니다.

코로나 팬데믹에도 줌 수업으로 공교육을 대신했지만 이로 인한 부작용은 한두 개가 아닙니다. 2023년 기준 초등학교 4학년들이 코로나 팬데믹의 희생양이라는 언론보도는 사실입니다. 오프라인 교육이 빠지고 온라인으로 대체되면서 교육 품질의 하락, 아이들의 사회성과 수업 태도 등 여러 가지 형태로 문제점이 도드라지고 있습니다. 아무리 좋은 내용을 가지고 교육 영상을 만든다고 해도 직접 대면하여 배우는 수업의 감각과는 비교할 수 없겠죠. 추락하는 교육 수준이 아프게 증명된 셈입니다.

특히 인기가 많은 숏폼 형태 미디어는 더더욱 집중력을 떨어뜨립니다. 10분짜리 영상, 30분짜리 영상에서 가장 핵심적이고 가장 자극적인 1~2분을 짧게 편집해 먼저 보여 주는 것입니다. 10분이면 10개의 영상을 압축해 볼 수 있으니, 아이들은 10분짜리 영상 하나에도 금방 지루함을 느끼고 더 짧게 편집되길 원하고 더 센 자극의 감각에 목이 마릅니다.

더 큰 문제는 아이들이 보는 유튜브 영상이나 숏폼 영상이 특별한 검열 없이 마구잡이로 짜깁기 해서 만들기 때문에 정확하지 않은 정보일 뿐만 아니라 맞춤법이 엉망이거나 혐오적 발언, 성적 희롱이나 폭력적 요소를 담은 내용이 너무도 많다는 것입니다. 아이들이 일부러 검색하지 않아도 알고리즘을 타고 과감하게 노출되고 있습니다. 이 모든 게 숏폼으로 제작되면서 문제가 심각해졌습니다. 자극적인 영상의 재미 부분만 빠르게 파악하고 휘리릭 다음으로 넘어가니 전후 관계를 생략한 채 도파민만 자극하고 끈기와 집중은 증발합니다.

온라인과 미디어 콘텐츠는 가면 갈수록 가장 값싼 사유물이 될 것입니다. 이제는 부유층만이 오프라인을 누릴 것입니다. 할 수 있는 것이 미디어밖에 없는 시기를 아이들이 살게 될 것입니다. 아이들이 유일하게 선택할 수 있는 유희가 미디어라는 생각만으로도 아찔하고 서늘합니다. 자연을 놔두고도 작은 화면으로 풀벌레를 보고, 장작을 놔두고도 화면의 불 앞으로 모여들 것입니다. 바다로 떠나면 될 것을 화면의 바다로 물살을 감상할 것입니다. 책을 옆에 두고도 장면과 글을 들려주고 보여주는 화면으로 만족할 것입니다. 감상은 흐려지고 감각은 약해질 것입니다. 감동은 줄어들고 값싼 자극만 무성해질 것입니다. 이 모든 것을 미디어가 제공하고 있습니다. 슬프게도 현실입니다.

결론적으로 미디어의 순기능을 누리려면 양육자의 주도하에 꼼꼼한 검열로 좋은 콘텐츠를 선택하고, 시간을 적당히 관리할 필요가 있습니다. 양육자 역시 스마트폰 스크린 타임을 4시간 미만으로 관리하는 것이 필요합니다. 양육자가 스마트폰과 미디어 노출을 줄여야 아이와 눈 맞추는 시간이 늘어나기 때문입니다. 소통의 쌍방이 중요한 셈이죠. 아이가 자연과 오프라인 교육, 독서와 놀이 시간을 확보하도록 돕는 것만이 넘치는 미디어 세상에 잠식되지 않는 유일한 방법입니다.

오프라인에서의 정적인 영역, 미디어와 반대 선상에 있는 것이 바로 글입니다. 글자를 읽는 행위는 능동적인 집중을 선사합니다. 그 때문에 글을 유희의 선택지에 두고 읽는 행위를 할 수 있도록 잘 살펴야 합니다. 미디어를 대체한 글 놀이를 활용하여 읽기 이해도를 높여갑니다. 미디어로 증발한 집중력을 되찾으려면 글과 가까워야 합니다.

미디어 대신 글 놀이

 QR 코드를 찍으면 아이와 함께할 수 있는 활동지를 다운로드 받을 수 있어요.

초성 놀이

초성을 제시하고 해당하는 단어를 쓰거나 말하면서 어휘력을 기르는 게임입니다.

예

ㄱ ㄴ	ㅅ ㅎ
고뇌	새해
그네	수확
가능	수학

설명문, 안내문 만들기

집에 있는 기계를 가지고 설명문을 만들거나 특정 행위를 수행하기 위한 안내문을 만드는 활동을 통해 구체적인 정보를 제공하는 문장력을 기릅니다. 아이가 설명하고 싶어하는 대상 혹은 활동으로 주제를 정하고, 그 행동을 몇 가지 세부 단위로 나눌지 정합니다. 이후 읽는 사람이 정보를 잘 이해할 수 있을 만큼 자세하고 정확한 설명문을 만듭니다.

예

- **설명 대상** : 선풍기
- **행동 개수** : 5개

<선풍기> 설명문 만들기

① 전원 버튼을 누르면 작동한다.
② 바람 표시를 누르면 바람 세기 조정, 바람 표시 한 번 누르면 가장 약한 바람, 또 누르면 점차 바람이 강해진다.
③ 시계 표시를 누르면 작동시간 조정, 시계 표시 한 번 누르면 두 시간 작동, 같은 버튼 반복하면 두 시간씩 늘어난다.
④ 연속으로 켜고 싶으면 시계 표시를 네 번 누른다.
⑤ 화살표 표시를 누르면 선풍기가 회전한다. 두 번 누르면 꺼진다.

> **예**
> - **안내할 행동 :** 학교에서 우리 집 찾아오는 법
> - **행동 개수 :** 6개
>
> ### <우리 집 찾아오는> 안내문 만들기
>
> ① 학교 후문에서 빠져나와 만나 분식으로 건너온다.
> ② 만나 분식에서 111번 버스를 탄다.
> ③ 버스에서 두 정거장 지나 세모 아파트에 내린다.
> ④ 세모 아파트의 정문으로 들어오면 편의점이 보인다.
> ⑤ 편의점 쪽으로 쭉 걸어오면 107동이 보인다.
> ⑥ 107동에 3-4 적힌 문으로 들어와서 엘리베이터를 타면 8층이 우리 집이다.

독해 게임

책의 중간 부분을 펴서 읽고 앞 내용이나 뒤 내용을 상상하여 말해 봅니다. 어떤 상황일 것 같은지 가족 구성원이 이야기한 다음 책을 읽고 가장 근접한 답을 찾는 사람이 점수를 획득하는 게임입니다.

> **예** 책 펼쳐서 나온 문장
>
> ### 분명 방금까지 같이 있었던 몽몽이가 사라졌다.
>
> ---
>
> **양육자** : 산책하러 갔다가 목줄을 놓치는 바람에 키우던 강아지가 사라진 거 아닐까?
> **아이 1** : 품에 안고 있었는데 아는 사람을 만나서 이야기하다가 품에서 빠져나갔을 것 같아.
> **아이 2** : 강아지가 예뻐서 누가 가져간 거 같아.
>
> 다양한 의견 중 정답과 가장 근접한 사람이 점수 획득!

끝말잇기, 빙고 게임

끝말잇기는 생소한 어휘를 기억할 수 있는 좋은 장치입니다. 가정에서 끝말잇기를 많이 할수록 어휘가 입에 잘 달라붙습니다.

또한 빙고 게임은 주제를 정해 관련 낱말을 빨리 생각나게 유도하여 어휘 순발력에 도움이 됩니다. 빙고의 주제를 과자 이름, 아이스크림 이름, 텔레비전 프로그램, 만화영화 등 아이들의 관심사와 관련된 주제로 정해 순식간에 많은 단어를 빠르게 떠올릴 수 있도록, 흥미롭게 어휘를 즐길 수 있도록 도와주세요.

미디어와 가까워지면서 읽기 능력이 점점 퇴보하고 있을지 모른다는 경계의 안테나를 자주 올리며 살아갑니다. 냄비 안의 물이 따뜻하다고 가만히 있다가 뜨거워지도록 빠져나오지 못한 개구리가 될지도 모른다는 불안을 자주 느끼며 미디어의 늪에서 살아남아야 합니다. 빨라지고 많이 바뀔수록 결국엔 읽는 사람이 빛이 납니다.

학습 만화, 만화책, 스마트 북을 보지 못하게 해야 할까요

서점에 가면 어린이책 베스트셀러에는 늘 만화책이 상위권에 올라와 있습니다. 이 말은 만화책이 어린이책 출판 시장에서 많은 부분을 차지하고 있다는 것입니다. 만화책만 읽는 아이가 고민이라는 이야기는 어느 강연장에서든 등장하는 질문입니다. 양육자들이 공통으로 가진 불안이죠. 그럼에도 만화책은 어린이책 출판 시장에서 가장 잘 팔립니다. 안 사 주면 그만일 만화책을 사 주면서 왜 고민하냐고 비꼬는 사람들도 있겠지만, 그리 간단한 문제가 아닙니다. 미디어에 길든 아이들이 만화책이라도 봐 주니 고마움을 느낄 때가 있는 것입니다.

만화책을 이분법적으로 좋다, 아니다로 설명하는 건 어렵습니다. 다만 아이가 평생 독자로 성장할 시작점에 만화책의 비중이 압도적으로 늘어가는 게, 아니 대부분의 비중을 차지하는 게 독서 지도하는 입장에서 아쉬운 부분임은 사실입니다.

하지만 저 역시 어린 시절 읽었던 《그리스 로마 신화》 만화 시리즈는 여전히 좋은 기억으로 남아 있습니다. 그 만화책에 등장했던 제우스나 헤라, 아프로디테 캐릭터가 제 안에 생생하게 살아 숨 쉬고, 그 캐릭터만 보아도 어제 본 듯 기분이 좋아집니다.

만화책으로 지식이나 줄거리, 교훈을 깨닫지 못하는 것은 아닙니다. 오히려 책을 멀리하고 미디어와 게임에 중독되었던 아이들이 다시 책으로 돌아오는 지름길이 되기도 합니다. 특히 지루하게 느껴지는 지식이나 줄거리를 만화 장면으로 쉽고 흥미롭게 얻어가는 장점이 있습니다. 다만 '만화'라는 틀이 이미 그림으로 결과를 제공하므로, 아이가 글을 통해 생각과 창의력을 연결하고 문학적 어휘와 표현을 비축할 기회가 줄어드는 것이 아쉽습니다.

〈죄와 벌〉이라는 작품을 소설과 만화로 각각 읽는다고 예를 들어봅시다. 주인공이 어려운 형편으로 좁고 긴 방에 살고 있고 소설에 표현되기로 '그가 사는 방은 관과 비슷하다.'로 묘사합니다. 독자는 작가의 묘사를 통해 폐허 같은 낡은 집 속 삭막한 어둠, 관 같은 방을 상상하고 주인공의 심적 부담과 그에 걸맞은 표정을 떠올립니다. 독자는 자신만의 상상으로 소설을 서서히 완성합니다. 하지만 만화는 이미 폐허의 방을 정답처럼 그림으로 줘 버려 상상과 연결되지 못한 채 증발합니다. 독자가 소설을 간직하는 고유의 과정이 생략된다는 점이 아쉽습니다.

하지만 만화를 독서의 영역보다는 놀이의 영역에 가깝게 생각하는 양육자가 많다면, 정보를 전달하는 면에서 놀이로만 국한하기엔 조금 억울한 부분도 있습니다. 결론적으로 만화라는 것은 독서를 지속하고 책으로 돌아오게 하는 도구, 지식이나 학습에 용이한 양식이 되어 주기는 충분하지만, 글과 글 사이에서 자연스럽게 이루어져야 하는 생각의 공백을 허용하지 않기 때문에 책장의 모든 책을 만화로 구성하는 것은 지양하고 줄글과의 적절한 타협이 필요합니다.

다만 읽은 줄글 책을 만화 형식으로 요약하는 독후 활동으로 활용할 수 있습니다. 내용을 요약할 수 있을뿐더러 상상만 했던 주인공을 그림으로 현실감 있게 표현하는 활동이기에 적극 추천합니다. 반대로 글 읽기가 어려운 친구는 만화를 먼저 읽고 줄글로 줄거리와 내용을 정리하는 작업을 하면 큰 도움이 됩니다.

스마트 북도 만화와 유사한 문제점을 지니고 있습니다. 앞서 말했듯 책은 독자에게 주어지는 권위입니다. 책의 종이 질감이 가진 역할을 가볍게만 볼 수 없습니다. 스스로 책을 들고 넘기고 접고 만지는 것이 독서 주도권을 스스로 쥐는 중요한 과정입니다. 글자의 색깔, 종이의 촉감, 글씨 폰트, 책의 생김새와 크기 등을 통해 독서 취향이 더욱 단단해집니다.

오디오 북이나 영상으로 책을 접하면 내용은 일치하지만 흐름과 생각이 낄 틈 없이 오디오와 영상이 나의 속도를 잡아먹습니다. 알아서 재생되는 독서의 흐름은 몰입과 사유를 어렵게 만듭니다. 감상의 권리를 훔쳐 갑니다. 감상의 권리란 잠시 멈추어도 보고, 다시 한번 읽어 보고, 되짚어 보는 과정입니다. 그 과정을 생략한 미디어책은 이야기의 흐름을 파악하는 정도의 도움을 주어 만화와 크게 다를 것이 없습니다. 그래서 종이책을 아이들에게 권하곤 합니다.

독서는 조용히 읽기, 이야기 전개 알기에만 국한되는 것이 아니라 여러 가지 의미와 이유를 찾아가는 능동적인 활동입니다. 그러니 더더욱 스스로 과정에 탑승하지 않으면 지속할 수 없습니다. 그래서 저는 만화책이나 스마트 북을 아예 빼라는 말 대신 아이의 취향에 맞는 문고 책을 발견할 수 있게 양육자가 적극적으로 이끄는 게 중요하다고 안내합니다. 놀고 쉬기 위해 만화를 보듯, 쉬기 위해 다양한 책을 선택할 수 있도록 함께 고민하고 이야기 나누는 시간이 많이 필요합니다.

만화와 문고의 **적절한 활용법**

짧은 글이 있는 문고를 잘 읽을 수 있는지 파악하기

그림책이 아닌 저학년이 읽는 짧은 글들이 엮인 문고 책이나 단편집을 스스로 골라 읽게 하고, 줄거리와 내용을 잘 파악하는지 확인합니다.

글을 잘 읽는 아이는 문고 책 위주로 꾸준히 읽기

아이가 글을 잘 읽고 파악한다면 웬만하면 만화책보다는 꾸준히 문고 책을 읽을 수 있게 돕습니다.

짧은 글을 읽기 어려워한다면 학습 만화를 곁들여 읽기의 흥미 끌어올리기

짧은 글의 이해도가 떨어지고 집중력이 떨어져 흥미를 못 느낀다면 학습 만화를 마중물 삼아 읽게 합니다. 책과 친해질 수 있는 좋은 방법입니다.

자신이 원하는 문고 책을 직접 고르게 하고 스스로 독서하는 경험 늘리기

학습 만화를 즐겁게 읽는 친구든, 문고 책을 잘 읽는 친구든 스스로 책 고르는 경험을 늘려 문고 책도 선택하는 용기를 심어 줍니다.

독후 활동으로 활용하기

문고 책을 읽은 후 줄거리를 4~6컷짜리 만화로 그리는 활동은 읽은 내용을 정리하고 요약하는 데 도움이 됩니다. 문고 책을 어려워하는 친구라면, 반대로 학습 만화를 읽고 줄거리를 글로 정리하는 작업을 해 봅니다.

◦ 편독하는 아이
문제인가요

"맨날 읽던 책만 읽어요."

독서 교실에 처음 보내는 양육자 대부분은 아이의 편독에 대한 고민을 빠지지 않고 이야기합니다.

만화책만 보는 아이, 한 권의 책만 반복해서 읽는 아이, 줄글로 넘어가지 못하고 그림책만 보는 아이, 역사책만 끼고 사는 아이 등 양육자가 편독의 고민으로 늘 들고 오는 공통된 주제입니다. 다양한 분야의 책을 읽길 바라는 양육자의 바람은 이해하지만, 사실 편독은 독서를 학습과 동일 선상에 놓고 보는 오류에서 시작된 편견입니다. 아이가 좋아하는 책이 있다는 청신호가 학습 과정에 접어드는 순간 적신호로 바뀝니다. 독서를 학습의 선상으로 두고 보면 다양한 책을 읽는 것이 좋은 독서이고 그래야 학습의 범위가 넓어진다고 생각하게 되죠. 학습에 도움이 되는 책이라는 규정과 틀이 생기고 그 규정은 필독서나 다양한 장르, 고전이나 역사서 등으로 범위를 넓혀 갑니다. 결국 그것이 아이의 흥미를 잠식시킵니다. 편독을 걱정하는 순간, 독서에서 가장 중요한 '흥미'라는 영역이 쏙 빠져나갑니다.

어떤 책을 사랑할 수 있는 아이는 또 다른 책도 언제든 사랑에 빠질 수 있다는 의미입니다. 그런데 책과 사랑에 빠진 것을 한 책만 읽는다는 이유로 편독이라는 프레임을 씌우니 영 못마땅하게 느껴집니다. 알아서 독서의 첫 삽을 취향껏 잘 뜬 아이를 매일 읽는 책만 반복해 읽는다고 나무라다니요. 편독에 대한 잘못된 시선이 아이가 능동적이고 즐거운 독자가 되는 것을 방해하는 뼈아픈 요소로 탈바꿈하고 맙니다.

아이라도 취향은 분명합니다. 교실에 학부모와 함께 오는 아이가 있으면 따로 테스트를 진행하지 않고 한 가지 질문을 합니다.

"뭘 좋아하니? 요즘 제일 재미있는 게 뭐야?"

아홉 살 도윤이는 축구를 좋아한다고 대답했습니다. 아빠와 주말이면 축구장에 가서 놀 때 가장 행복하고 다른 학원은 다 관두고 축구 교실만 가고 싶다고 말이죠. 저는 도윤이가 준 힌트를 참고하여 처음 독서교실에 오는 날 축구와 관련된 동화를 준비했습니다. 《축구왕 차공만(성완 글, 윤지회 그림/비룡소/2014)》이라는 책을 내밀고 표지를 보며 대화를 나눴지요.

"도윤아, 제목부터 네가 좋아하는 축구가 들어 있네. 이름도 차공만이야, 이 친구는 어떨 것 같아?"

도윤이는 그림을 보면서 "축구 장비가 제대로 갖춘 게 아니라서 생각보다 공을 못 찰 것 같은데요?"라고 의기양양 대답합니다. 그러면서 책을 읽기도 전에 축구 장비나 축구화에 대한 설명을 늘어놓습니다. 도윤이는 가장 자신 있는 분야를 질문 받은 것, 자신의 취향을 존중 받은 것으로 어느덧 책에 흥미를 가집니다. 책을 읽기 시작하니 온전히 몰입하고 있는 것을 발견합니다. 아이 취향에서 힌트를 얻어 관련된 책을 구성하니 아이는 전보다 쉽게 책에 다가갑니다. 독서 수업에 나오는 시간을 즐기고, 오늘은 어떤 책을 만날지 기대합니다. 아이의 취향을 알아주는 양육자는 흥미라는 가장 좋은 버튼을 눌러 주는 사람인 거죠.

열두 살 지우는 크리에이터가 꿈입니다. 대형 유튜브 페이지를 만들어 구독자를 끌어모아 큰돈을 벌고 싶다고 자주 이야기합니다. 초등학생들의 꿈에 크리에이터가 최근 많이 등장합니다. 그래서 크리에이터와 관련된 책들을 서가에 따로 꾸려 둡니다. 그중 《강남 사장님》이란 소설을 권하며 표지에 있는 고양이 한 마리가 유튜브 스타라는 힌트 하나를 제공합니다. "고양이가 크리에이터라고요?" 지우는 곧바로 호기심이 가득해 집니다. 그러곤 책에 즐겁게 몰입합니다.

이렇게 초반 몰입을 돕는 관건은 아이의 관심사에 있습니다. 아이가 관심 있는 영역 혹은 주제의 도서를 준비하면 아이는 그 정성에 집중으로 보답합니다. 독서 후에 하고 싶은 이야기도 훨씬 많아지죠. 그렇게 아이에게 좋아하는 책, 사랑하는 책이 생기기 시작합니다. 제가 의도했던 과정입니다.

아이에게 좋아하는 책이 생긴다는 것은 아이가 양육자에게 자신의 취향을 알려 주는 것과 같습니다. 자신의 마음에 긍정적 작용을 일으키는 책을 만났다는 것은 큰 행운입니다. 다양한 영역별 독서도 물론 좋지만 읽기 독립을 목표로 아직 독서에 흥미가 완전히 자리 잡지 않은 아이에게 수준 높은 책이나 취향에 맞지 않는 장르, 학습적 목표가 뚜렷한 장르의 책을 강요하면 평생 끌고 갈 독서 생활을 하루빨리 포기하고 싶어지는 안타까운 상황이 벌어질 수 있습니다. 주변을 돌아보면 학창 시절 이후 책 읽기를 놓고 사는 어른들을 흔히 보게 됩니다. 자신의 독서 취향도, 흥미도 발견하지 못해 독자로서의 지속을 포기하게 한 것입니다.

가정과 학교, 사회에서는 아이 시절 찰나의 독서가 아니라 나이를 불문하고 평생 꾸준한 책 읽기를 권장합니다. 책이 교양과 감성, 지식과 가치를 얻을 수 있는 도구라는 것에 그 누구도 반박하지 못합니다. 그렇다면 이 독서 생활을 오랫동안 끌고 갈 시발점에서 학습이라는 명목으로 꾸역꾸역 떠먹이는 게 의미가 있을까요? 아이에게 책 읽기는 습관이 아닌 흔쾌한 선택이 되어야 합니다. 한 가지 책을 고집해서 읽는 아이는 사실 "엄마 아빠 선생님! 저는 이런 이야기 속에서 즐거움을 느껴요." 하고 적극적으로 말하는 것이죠.

여러 권의 책을 다양하게 읽는 아이도, 한 권의 책만 고집해서 읽는 아이도 모두 독서를 사랑하고 있음을 우린 기억해야 합니다.

아이가 고집하는 책에 관심을 가지고 기억하면서 그 아이의 취향을 적극적으로 존중하고, 이야기 나눕니다. 뿌리가 비슷한 책들을 골라 구성하고, 스스로 고를 수 있게 자유로운 독서 분위기를 만듭니다. 그렇게 아이가 독서에 거부 반응이 생기지 않는 과정과 토대를 만든 후엔, 내용은 비슷하지만 구조는 전혀 다른 이야기도 추가해 구성합니다. 양육자가 자신의 취향을 존중한다는 믿음 덕에 어느덧 다양한 장르도 유쾌하게 받아들일 용기가 생기기도 합니다. 존중만큼 존재의 필요성을 느끼게 하는 감정은 없습니다. 모든 것을 자발적으로 할 수 있는 아이가 되려면 자신의 취향과 선택도 충분히 존중받는 경험이 필요합니다.

미디어의 과잉 발달로 몸살을 앓는 요즘 아이가 책을 선택했다면 이미 충분히 독자의 자세를 갖춘 것이나 다름없습니다. 그 책이 어떤 책이든 자신이 애정하는 책이 생긴 것은 분명한 청신호입니다.

아이가 읽던 책을 또 읽고 있더라도, 읽어 준 책을 또 읽어 달라고 하더라도 실망하지 마세요. 아이에게 그 책은 여전히 재미있는 요소가 넘치고 하나도 권태롭지 않고 또 다른 느낌과 감정을 일으키고 있다고 믿어 주세요. 실제로 아이는 자신의 마음에 쏙 드는 독서 세상으로 자주 들어가고 있는 것입니다. 아이가 꺼낸 독서를 향한 사랑, 그 멋진 신호를 흐뭇하게 믿어 주면 그뿐입니다.

(**취향을 존중하는 독서 핵심 키워드!**)

1 아이가 좋아하는 관심 분야가 무엇인지 파악한다.
2 관련된 장르의 책을 권한다.
3 좋아하는 책 또 읽을 때는 힘껏 믿어 준다.
4 좋아하는 책과 비슷한 도식이나 장르, 시리즈물을 권한다.

STEP 03

책을 읽으며
아이의 감수성도
키워요

° 책을 읽으며 아이들이
꼭 가졌으면 하는 세 가지 생각

아이들의 문학 감수성을 기르기 위해서는 공감 능력이 필요합니다. 공감은 짐작에서 시작되는데요. 나와 다른 삶을 짐작하는 일은 경험하지 않으면 어렵습니다. 짐작이라는 것은 보고 듣고 만지면서 시작되기 때문이죠. 특히 경험이 부족한 아이가 겪어 보지 않은 상황을 짐작하는 일은 어른들보다 더 어려운 일입니다. 그래서 독서를 통해 간접적 경험을 하는 것이 도움이 됩니다. 어른들이 들려주는 이야기도 좋지만 어려웠던 시대를 배경으로 한 소설이나 역사책, 인물 위주로 상황을 보여 주는 이야기들은 독자로 하여금 상황을 짐작할 수 있게 도와줍니다.

김정민 작가의 《담을 넘은 아이》에서는 글을 읽지 못하는 푸실이가 한 권의 책을 통해 배움을 꿈꾸고, 딸이 아닌 아들에게만 젖을 주고 막냇동생인 여동생에게는 젖도 주지 않으며 이름도 지어 주지 않는 시대적 상황, 푸실이의 엄마가 푸실이와 어린 동생들을 두고 다른 양반집 아이에게 젖을 주는 유모로 취직해야 했고, 그래서 정작 집에 있는 막내가 젖을 먹지 못해 동네를 돌며 젖동냥하는 인물의 환경이 들어 있습니다.

지금으로서는 믿기지 않는 이야기지만 이 책을 읽음으로 당시 상황을 짐작해 볼 수 있죠. 짐작이 가능해진다는 것은 공감이 가능해진다는 것이고, 이어 감수성을 기를 수 있다는 것입니다.

공감 능력은 인간이 가지고 있는 가장 지적인 능력 중 하나입니다. 다른 사람의 마음에 공감할 수 있는 아이에게는 이타심이 생기죠. 공감 능력 안엔 '그럴 수 있어' 하고 인정하는 마음과 나와 다른 환경과 성격을 존중하는 마음이 있는데요. 책 속 주인공과 이야기로 우리는 짐작과 공감, 감수성을 길러 나갑니다.

다시 책 이야기를 이어 보겠습니다. 당시 여성이었던 푸실이가 혼자 동생들을 돌보고 겨우겨우 죽을 쒀 끼니를 때우며 버티는 삶, 글자를 배우고 공부하고 싶지만 할 수 없고 동생을 돌보며 버티는 삶을 읽으며 주인공이 느끼는 고립감과 소외감, 공포와 불안, 분노 등을 대신 느낄 수 있습니다.

그리고 푸실이를 외면하고 천대하는 시대 사람들을 통해 이런 상황에서는 어떤 어른이 있으면 좋을까, 나라면 어떻게 할까, 내가 이렇게 하는 것은 잘못된 행동이 아닐까 하는 의문이 생깁니다. 내가 어떻게 행동했을지 나라면 어땠을지 생각해 보는 질문은 생각을 발전시키고 마음의 역량을 키웁니다.

문학 감수성이 자라나는
3단계 생각법

1단계 짐작

시대 배경과 주인공의 성격, 주변 인물의 특징, 주인공의 심리 상태 등을 추측하고 짐작합니다.

> **예**
>
> ### 《담을 넘은 아이》 읽고 짐작한 내용 쓰기
>
> **《담을 넘은 아이》 김정민 글, 이영환 그림/비룡소/2019**
>
> 푸실이는 동생이 둘이나 있는데 아들인 둘째 동생은 젖을 주고 딸인 여동생은 배고픔으로 울어도 젖을 안 물리는 걸 보아 그 시대에는 아들을 좋아하고 딸은 좋아하지 않았을 것 같다. 부모님 없이 푸실이가 동생들을 돌보는 것을 보니 당시엔 아이들이 어른의 보호를 받지 못하고 살았을 것 같다. 우리는 학교 들어가는 시기에 모두 학교에 들어가서 공부하고 글자를 배우지만 푸실이가 살던 시대에는 글자를 못 배우는 아이들도 많고 학교에 들어가거나 공부하지 못하는 환경에서 사는 아이가 많았던 것 같다.

2단계 공감

주인공의 마음에 공감하면서 나였으면 어땠을지 상상합니다.

> **예**
>
> **《담을 넘은 아이》 읽고 공감되는 내용 쓰기**
>
> 내가 푸실이라면 모든 상황에 화가 났을 것 같다. 책을 읽고 싶은데 읽지 못하고 동생을 돌보지 않고 놀고 싶은데 놀지도 못하고 어린 동생은 자꾸 아픈데 엄마는 젖을 주지 않는 상황이 슬프고 무섭고 화가 났을 것 같다. 그리고 간절하게 빌었을 것 같다. 아픈 동생이 얼른 낫기를 바라고, 엄마도 돌아오고, 자신도 글을 배워 공부하고 싶다고 말이다. 푸실이를 생각하면 마음이 아프고 현재 내가 살고 있는 환경이 그냥 온 게 아니란 것을 느꼈다.

3단계 의문

책을 읽으며 드는 궁금증이나 질문을 쓰고 답해 봅니다.

> **예**
>
> **《담을 넘은 아이》 읽고 궁금증 쓰기**
>
> 푸실이의 부모님은 푸실이가 안쓰럽지 않았을까? 젖동냥하러 다니는 푸실이를 보고 이웃들은 푸실이 가족을 왜 돕지 않았을까? 푸실이 엄마를 데려간 양반집 주인은 푸실이와 푸실이의 동생을 안쓰럽게 받아 주지 않은 게 의문이다. 어른이라면 안타깝고 불쌍한 마음이 들 수 있을 것 같은데 당시엔 그게 당연해서 받아 주지 않은 것일까?

짐작하고 공감하고 의문을 품는 방법을 통해 이야기를 더 깊이 이해하고 독서 감수성을 기르며 흥미를 증진할 수 있습니다.

또 독서 감수성을 기르는 활동 중 하나로 역사 자료 조사나 박물관 견학을 추천합니다. 혹은 시대극이나 영화를 통해 당시의 상황을 느끼는 것도 도움이 됩니다. 전쟁 상황을 배경으로 쓴 책을 읽고 전쟁 박물관이나 역사 박물관에 가면 생생한 시대 배경이 나의 상상 뒤에 거대하게 세워지며 입체적인 모습으로 완성되는 경험을 할 수 있습니다. 또 시대극이나 영화에 등장하는 의복과 말투 또한 구체적으로 상상할 수 있어 이야기 속 인물들이 선명하게 자리 잡습니다. 실제 자료는 책을 통해 얻은 이야기에 구체적인 지식을 덧입히는 좋은 수단이 됩니다.

주말이면 지역마다 위치한 역사 박물관을 찾아가고, 시대적 배경이 일치하는 이야기들을 찾아 읽습니다. 책을 읽으며 짐작, 공감, 의문을 거쳐 감수성을 쌓고, 또 배경을 익히는 시간을 통해 이전의 과정을 더 견고히 하며 타인을 이해하고 존중하는 법 더불어 역사 의식을 배웁니다. 훌륭한 방법이 되어 줄 것이고 중요한 덕목을 쌓을 수 있을 것입니다.

°독서 기록장이나 독후 활동보다
더 중요한 게 있어요

독서 교실을 운영하면서 놀라웠던 경험이 있는데, 아이와 60분 동안 깊이 읽기를 하고 책에 대한 이야기를 나누고 아이를 돌려보냈을 때, 한 학부모가 아이 가방에 있던 파일을 들고 찾아와 "오늘은 활동지가 없네요? 읽기만 하다 끝난 건가요?"라고 물었던 경험입니다.

독서만으로는 그 의미가 미흡하다고 여기는 것입니다. 오히려 아이가 독후감을 몇 줄 써 왔는지 활동지를 어떻게 써 왔는지, 독서 감상화를 그리거나 편지를 썼는지 등의 결과물로 독서 시간의 의미와 질을 판단하는 경우가 많습니다.

하지만 저는 한 권의 책을 몰입해서 잘 읽고 있는지, 어떻게 읽었는지, 어떤 방식으로 접근했는지, 이 책을 통해 무슨 생각을 얻었는지 대화로 나누는 것을 더 중요하게 여깁니다. 아이가 교실에서 책 한 권을 겉핥기로 읽고, 하기 싫은 평가지나 워크지, 감상문을 쓰느라 지치는 것보다는 문학이란 아름다운 세계 안에서 충분한 효능감을 느끼고 즐거운 읽기 경험이 늘어나는 것에 초점을 둡니다. 그런 경험이 많은 학생일수록 독서에 쓰는 시간과 독서의 질이 선형적으로 증진합니다. 그런 경험을 기반으로 글쓰기와 말하기를 쌓아 나가는 것이 중요하죠.

하지만 독서 기록장이나 독후 활동에만 초점을 맞춰 지도하면 독서 본질이 흐려지고, 기록장 채우기에 급급한 꼴이 됩니다. 결과에만 중점을 두니 의미 있는 과정이 생략되지요. 독서 기록장이나 독후 활동은 좋은 책에 대한 내 생각을 짧게 정리하는 용도, 요약과 전개를 기억하는 용도로만 활용해도 충분합니다. 대부분 양육자가 이 부분에서 실수합니다. 책을 읽었으면 그 책에 대한 감상을 적어야 독서의 의미가 완성된다고 믿기 때문이죠.

앞서 이야기했듯이 아이가 책을 읽는 이유는 제각각 다릅니다. 하지만 독서 기록장을 숙제로 주는 순간 독서는 독서록을 쓰기 위해 하는 일이 되어 버립니다. 내 안에서 일어나는 생각이 독서의 이유가 되어야 하는데 독서록이 이유가 된다면 책에 관한 흥미가 생길 수 있을까요?

독서록과 기록장을 없애라는 의미가 아닙니다. 이 둘은 생각과 감상을 더 구체화하는 좋은 활동이 되어 줄 수 있습니다. 하지만 독서의 본질을 **뺏고** 있는 건 아닌지, 아이에게 강요하는 숙제로 전락한 건 아닌지 생각해 볼 필요가 있습니다.

독후 대체 활동

 QR 코드를 찍으면 아이와 함께할 수 있는 활동지를 다운로드 받을 수 있어요.

읽기에 대한 점검과 아이의 감상을 엿볼 활동이 필요하다면 독서록과 기록장을 대신할 수 있는 활동을 소개합니다.

좋아하는 문장 설명하기

예

《까막눈 삼디기》 읽고 좋아하는 문장 꼽아보기

《까막눈 삼디기》 원유순 글, 이현미 그림/웅진주니어/2007

좋아하는 문장 | 할머니는 삼디기가 한 문장을 읽을 때마다 추임새를 넣으셨어요. 마치 판소리 중간중간에 신이 날 때마다 어깨춤을 추며 신나는 소리로 '좋다. 얼씨구.' 하듯이 말입니다. 79P

좋아하는 이유 | 글을 읽지 못하던 삼디기가 친구의 도움으로 조금씩 글을 읽게 되고 할머니한테 동화책을 천천히 읽어 주는 모습이 귀여웠다. 할머니도 삼디기가 기특해서 추임새를 넣었다는 것도 감동적이었다.

한 권의 책을 만화로 요약하기

예

《한밤중 달빛 식당》

《한밤중 달빛 식당》 이분희 글, 윤태규 그림/비룡소/2022

▲ 《한밤중 달빛 식당》을 읽고 줄거리를 만화로 요약했다.

빈칸 추론하기

예

《꼬마 요정과 구두가게》 읽고
아래 빈칸에 내용을 떠올려 적어 보기

《꼬마 요정과 구두가게》 고토 유즈 글, 야마모토 사야카 그림/한국헤르만헤세/2018

구두가게를 하는 할아버지와 할머니는 열심히 일했지만 늘 가난했다.

돈이 없어 구두를 만드는 가죽이 한 장밖에 남지 않았다.

가죽을 잘라 놓고 잠이 들었다.

그런데 자고 일어나 보니 잘라 둔 가죽이 멋진 구두가 되어 있었다.

그 구두를 본 손님이 마음에 쏙 든다고 황홀해 하며 구두를 비싼 값에 샀다.

할아버지는 더 멋진 구두를 만들겠다며 가죽을 잘라 놓았다.

다음 날 또 구두가 만들어져 있었다.

할아버지와 할머니는 궁금함에 깊은 밤 몰래 문틈으로 지켜보았다.

밤이 깊어지자 꼬마 요정들이 나타나 가죽을 자르고 바느질하며 구두를 만들고 있었다.

할아버지, 할머니는 고마운 마음에 요정들의 옷과 구두를 만들어 준다.

구두를 만들러 왔던 꼬마 요정들은 만들어져 있는 옷과 구두를 보고 신이 나 만들어 준 옷을 입고 구두를 신어 보았다.

아이들은 이 정도 활동만으로도 책에 대해 자유롭게 이야기하고 상상할 수 있습니다. 독서 기록장이나 감상문이 독서를 이어가는 좋은 방법임은 부정할 수 없습니다. 하지만 아이들에겐 때로 숙제 이상으로 부담이 되기도 하니 조금 더 쉽고 재미있게 독후 활동을 권하는 것이 좋습니다.

◦다른 의견을 들으며
타인을 이해할 수 있어요

민호는 외동이라서 동생이나 형, 누나가 있는 친구들의 마음을 이해하지 못합니다. 어느 날 "전 동생이나 형, 누나 있는 게 너무 싫을 거 같아요. 귀찮고 짜증 나고, 전 지금이 딱 좋아요."라고 이야기했죠. 그때 옆에서 듣던 선우가 뿔 나 이야기합니다. "전 형이 있어서 좋아요. 형이 없었으면 심심했을 것 같아요. 만날 집에서 혼자 뭐 해요?" 그러자 민호가 당황합니다. "아니야. 혼자 있는 게 더 좋거든?" 선우도 질 수 없단 듯 대답합니다. "너는 아까 형 있는 게 싫을 거 같다며, 난 좋거든?" 갑자기 분위기는 과열되고 금방이라도 싸울 것 같습니다.

아이들은 자기 생각이 정답인 줄 아는 오류를 겪습니다. 사회적 경험이 많지 않기 때문에 다양한 삶의 형태를 잘 알지 못하니 당연히 그럴 수 있지요. 타인의 삶을 온전히 이해하는 데는 아직 한계가 있습니다. 타인에 대한 이타심, 이해심이 커진다는 것은 결국 다양성을 인정하는 것입니다. 그러다 보면 다양한 사람들과 대화하며 언어 생활의 질이 올라갑니다. 독서는 이런 간접 경험을 할 수 있게 돕죠. 다만 어른이 책 바깥의 이런 순간을 다정히 관찰하고 대화의 장을 열어 준다면 아이들은 스스로 나아갈 수 있습니다.

듣고 있던 제가 민호와 선우에게 제안합니다.

"그럼, 우리 이렇게 해 볼까? 민호는 동생이 있으면 좋을 것 같은 점 세 개, 선우는 혼자면 좋을 것 같은 점 세 개를 써서 발표해 보자. 각자 다른 환경에 사는 게 나쁘고 틀린 게 아니야. 차분하게 생각해서 적어 보자."

민호와 선우는 골똘히 생각하며 세 개의 답을 채웁니다. 그리고 서로를 향해 읽습니다.

"민호야, 선우야. 각자 답을 보니 어떤 생각이 들어?"

민호가 대답합니다.

"형 있는 것도 좋을 것 같아요. 혼자서 심심할 때가 많거든요."

선우도 대답합니다.

"저는 솔직히 외동 친구들이 부러울 때도 있었어요. 내가 먹고 싶은 거 다 먹는 거 부러워요."

두 아이가 뭐라고 썼는지 한번 볼까요?

민호의 답

1. 보드게임을 같이 할 수 있다.
2. 물총 놀이를 같이 할 수 있다.
3. 엄마, 아빠 없을 때 안 무섭다.

> **선우의 답**
>
> 1. 내가 먹고 싶은 거 혼자 다 먹을 수 있다.
> 2. 형 심부름 안 해도 된다.
> 3. 내가 보고 싶은 만화 혼자 다 볼 수 있다.

이렇게 각자의 다양성을 인정하는 태도와 기회가 아이에게 주어져야 합니다. 이런 인식의 변화는 자연스럽게 발화하는 게 아니라 생각할 기회를 제공함으로써 더 구체화되고, 다양성을 인정하면 글쓰기와 말하기에 타인을 이해하는 배려와 창의성이 섞일 수 있습니다.

내 생각만 옳다고 주장하는 일방적인 글쓰기와 말하기는 독자와 청중의 마음을 배려하지 않는 언어입니다. 글쓰기도 결국 읽는 사람을 존중하는 일이며 말하기도 듣는 사람을 배려하지 않으면 존중받지 못합니다. 기본적인 태도지만 가르치지 않으면 아이들은 알기 어렵습니다. 읽기, 말하기, 쓰기에도 배려심이 필요하다는 것을 어른들이 반드시 가르쳐야 하는 중요한 요소입니다.

아이들에게 상대를 이해하기 위한 질문을 하는 법 그리고 생각할 수 있는 힘을 길러 주세요. 다양하게 사고해 본 아이는 타인을 이해할 수 있습니다. '그럴 수 있어.'가 마음에 있는 친구는 화가 많지 않습니다.

여기서 나아가 독서 토론으로 이어지면 더욱 좋은 말하기가 됩니다.

아이는 같은 책을 읽고도 친구들이 모두 다른 생각을 한다는 사실을 인지하는 것이 어렵습니다. 모두가 나와 같은 생각을 할 것이라 믿죠. 하지만 독서 후에 이야기를 나누면 생각이 다를 수 있다는 점을 발견하고,

자신의 의견을 이야기하다 정리가 되어 논리적인 말하기에도 도움이 됩니다. 토론으로 의견을 어필하면서 자신의 생각을 한 번 더 정비합니다. 진짜 내 생각이 맞는지, 그저 우기고 있는 건 아닌지도 더 자세히 들여다보는 것이지요.

또 타인의 이야기를 듣고 그럴 수도 있겠다고 인정하거나 오히려 자신의 의견이 더 맞다는 확신을 갖기도 합니다. 그래서 독서 후 토론이 아이 사고를 확장하는 데 큰 도움이 되는 것이죠.

독서 후 토론하는 법

책 선정하여 읽고 난 후 자신이 발표할 내용 종이에 정리하기

읽은 책의 느낌과 생각, 등장인물의 마음이나 책이 전하는 교훈 등을 정리합니다.

예

《한밤중 달빛 식당》 읽고 발표 내용 정리하기

등장인물의 마음
연우는 엄마를 하늘나라에 보내고 외롭고 슬프고 괴롭다. 하지만 아빠가 자신보다 더 괴로워하는 걸 알아서 아빠에게 털어놓지 못한다.
연우 아빠는 아내가 죽었다는 상실감으로 매일 술을 마시며 괴로워한다.

책이 전하는 교훈
외롭고 힘들 때는 도움을 청하고 기억을 잊으려 하는 것보다 무엇 때문에 힘든지 정확히 알고, 털어놓고 나누면서 서로서로 위로해야 한다. 그리고 나에겐 나쁜 기억이라도 그것 역시 잊지 말아야 할 소중한 일들이라는 것을 깨닫게 되었다.

양육자가 사회자가 되어 중립적인 질문하기

책의 주제, 교훈, 중요한 장면, 갈등을 각자에게 묻습니다.

> **예**
>
> **양육자** : 《한밤중 달빛 식당》에 나온 연우가 친구 동호의 돈을 훔쳤다는 것을 알게 됐을 때 아빠의 마음은 어땠을까?
> **아이** : 연우가 나쁜 아이로 자랄까 봐 겁도 나고 화도 났을 것 같아요.
> **양육자** : 네가 달빛 식당에 가게 된다면 어떤 기억을 말하고 싶니?
> **아이** : 할아버지가 다치셔서 수술하셨던 때를 말할 것 같아요.

서로의 의견 듣고 자기 생각 말하기

토론하는 사람이 둘 이상일 경우 서로의 의견을 끝까지 듣도록 하고, 이야기가 끝나면 자기 생각을 정리해 말할 수 있는 시간을 제공합니다. 너무 길게 말하려는 경우 모래시계를 두고 시간을 정해 주는 방식으로 진행하는 것도 좋은 방법입니다.

> **예**
>
> **양육자** : 하람이는 엄마와 헤어지는 일이 지워질까 봐 말하고 싶지 않다고 했는데, 서우는 엄마와 헤어지는 일을 차라리 잊어야 덜 힘들 것 같다고 말하네? 우리는 각자 어떻게 생각하는지 의견을 들어 볼까?

> 아이 1 : 엄마와 헤어지는 일이라도 끝까지 기억하고 싶어. 엄마의 마지막 순간을 잊는 거잖아. 그 마지막 순간도 너무 소중해.
> 아이 2 : 그래도 그 생각을 하면 눈물이 나고 괴롭잖아. 차라리 엄마가 아프고 죽는 순간은 잊고 싶을 것 같아. 소중한 사람을 잃는다는 건 괴롭고 힘들잖아.

토론 대상이 없다면
양육자가 질문과 토론을 함께하는 상대가 되어 주기

양육자가 토론 대상이 되려면 책을 함께 읽은 후 정확한 내용을 이해해야겠죠. 이후 서로의 의견을 토론으로 공유합니다. 생각이 다를 때는 아이 의견을 존중하지만 그것과 반대되는 자신의 의견도 정확히 전달합니다.

예

> 양육자 : 하람이는 이 책이 슬픈 책이라고 말했지만 엄마는 이 책이 슬픈 책이라고 생각하지 않아. 엄마의 기억을 가지고 아빠와 미래를 그리며 다짐하게 된 연우는 엄마의 사랑을 더 기억하며 행복할 수 있을 것 같거든. 하람이 생각은 어때?

토론하면서 변화된 생각이나 덧붙여진 생각이 있는지 묻기

> **예**
>
> **양육자** : 오늘 상대방의 의견을 들어 보니 어때? 달라진 생각이나 떠오르는 생각이 있어? 엄마는 하람이의 의견을 듣다 보니 헤어지는 게 슬프더라도 이별을 기억하고 엄마를 끝까지 생각하는 마음은 진짜 소중한 거라는 걸 배웠어.
>
> **아이** : 저도 엄마랑 헤어지는 순간을 겪은 연우가 불쌍했지만 엄마의 사랑을 기억하고 소중하게 여기는 연우처럼 순간순간 기억을 소중하게 여기고 더 많이 사랑해야겠다고 생각했어요. 그리고 연우가 그 기억을 잊고 싶을 만큼 힘들었던 걸 생각해 보니 마음이 아프고, 주변에 힘들어하는 친구가 있다면 더 많이 챙겨 주고 즐겁게 놀아야겠다고 생각했어요.

책 내용을 가지고 다양한 대화를 주고받으며 서로의 의견을 듣고 물으며 존중하고 생각하고 정리하고 이야기하는 방식을 선택하면, 책의 내용이 확장되는 것은 물론 상대를 존중하는 말하기, 의견을 받아들이는 자세 등을 연습할 수 있습니다.

○ **서평가**가 되어요

    책에 대한 평가는 책의 이해도와 견문을 넓히는 좋은 방법입니다. 그저 책에 대한 비판만 늘어놓는 것이 아니라 좋았다면 좋았던 이유를, 아쉬웠다면 아쉬웠던 이유를 자세하게 꼽아 서술해 보는 것을 말합니다.

    책을 서평하는 행위는 독서 감상문과는 조금 다릅니다. 독서 감상문은 등장인물과 전개에 대해 내 감상이나 느낌을 서술하는 것이라면 서평은 이 책에 대한 평가를 나의 기준으로 한다는 의미입니다. 모두가 좋았던 책이라도 개인의 평가에 들어가면 남다르게 느껴집니다.

    아이들은 평가라는 것을 굉장히 거창하게 느끼기 때문에 스스로 평가의 주도권을 갖게 하면 그 권위와 자리를 진지하게 받아들이고 흥미롭게 여깁니다. 아이는 평가자가 되는 순간 책의 모든 구성을 꼼꼼하게 눈여겨봅니다. 책을 향하는 시선이 모두 새로워지는 것입니다. 감상과 줄거리에 초점을 두는 감상문이 아닌 서평가가 되는 순간 책의 주도권이 본인에게 주어진다는 권위를 느끼며 책을 더 꼼꼼하게 읽고 문장과 전개에 집중합니다.

  서평에는 날짜를 넣는 방식이 중요합니다. 내가 언제 이 책을 읽었는지를 적는 것이 기록의 기초라는 것을 알려 주고 일기든 서평이든 산문이든 편지든 꼭 날짜를 기록할 수 있도록 도와주세요.

서평하는 방법

 QR 코드를 찍으면 아이와 함께할 수 있는 활동지를 다운로드 받을 수 있어요.

서평을 하는 방법은 다음과 같습니다.

책 읽은 날짜	2024. 02. 01		
책 이름	누리야 누리야	장르	장편 동화
책 별점	★★★★		
책의 좋았던 점			
누리라는 아이가 어른이 될 때까지 수많은 일들을 겪으면서도 무너지지 않고 끝까지 노력해 성장하는 것을 보면서 나도 누리 언니처럼 어떤 일이 생겨도 포기하지 않고 내가 할 수 있는 노력을 다하고 착한 마음으로 반듯하게 살아야겠다고 생각했다.			
책의 아쉬웠던 점			
누리 언니가 그렇게 그리워하던 엄마를 찾았는데 엄마는 기억상실증이었고, 끝내 엄마에게 자신이 딸이란 걸 고백하지 못하고 떨어지게 된다. 내가 누리였다면 사실 내가 엄마 딸이라고 고백하고 엄마와 살았을 것 같다. 오랜 시간 엄마랑 떨어져 외롭고 힘들게 지냈던 누리 언니가 끝내 엄마랑 살지 못한 게 아쉽다.			

내가 이 책의 결말을 써 본다면?

누리는 이웃집 아주머니가 엄마인 것을 알게 되고 용기를 내서 자신이 엄마의 딸이라고 이야기하며 엄마의 기억을 떠올리게 만든다. 엄마는 누리의 기억이 떠오르고 엄마와 새 가족들 사이에서 따뜻한 보살핌을 받으며 더욱 아름답게 성장한다. 누리는 어엿한 성인이 되어 대학 생활을 하고, 멋진 꿈을 키워 나가는 결말로 이야기를 마무리하고 싶다.

서평집을 만들어 스스로 책을 보는 안목을 기르고, 구체적인 비판적 사고와 긍정적 사고를 기르면 아이가 책을 향한 견문을 넓히는 데 도움이 됩니다.

˚아이에게 **이런 질문**
꼭 해 주세요

    '말한다'는 것은 언어에 음성을 다는 행위로 소통의 기초입니다. 계속해서 강조했듯이 읽기, 쓰기, 말하기는 유기적인 관계로 함께합니다. 듣는 것을 잘하는 아이가 읽는 것 역시 잘하고, 읽는 것을 많이 하는 친구의 글에는 자연스럽게 사유가 묻어나고, 말을 잘하는 친구들의 글은 풍성하고 재미있죠. 글을 많이 쓰는 아이들은 말하는 방식에서도 정돈된 이야기를 할 수 있습니다.

    특히 말하기는 자신의 성격과 인성을 표면적으로 드러내는 수단입니다. 목소리 톤, 속도, 사용 어휘 등으로 상대의 성격과 인성을 판단할 수 있죠. 단지 말이 많은 아이가 아닌 자신의 의견과 생각을 잘 전달할 수 있는 아이가 되려면 장소와 상황에 맞는 말들을 잘 정리해 표현할 수 있어야 합니다.

    열 살 규빈이는 말하기에 능통합니다. 규빈이가 왜 말하기를 잘하는지 궁금했는데요. 짐작하기를 그 배경엔 가정환경이 작용하지 않을까 생각합니다. 규빈인 어떤 질문에도 익숙합니다. 늦둥이인 규빈이에겐 성인이 된 누나 두 명이 있는데요. 평상시에 누나들이 규빈이에게 많은 질문을 한다고 하네요. 질문의 내용은 이렇습니다.

> - 오늘 학교생활은 어땠어?
> - 친한 친구는 누구야?
> - 가장 좋아하는 과목은 뭐야?
> - 규빈이 오늘 점심 메뉴는 뭐였어?

집안의 막내 규빈이가 오늘 뭘 하고 지냈는지 애정 어린 질문을 하는 누나들 덕분에 규빈이는 질문에 익숙한 아이입니다. 유아기 때부터 누나들은 집에 오는 규빈이를 끼고 어떤 하루를 보냈는지 물었습니다. 질문과 대답이 익숙하지 않은 아이들은 질문의 요지가 무엇인지, 대답을 어떻게 해야 하는지 낯설고 어려워합니다. 질문을 받으면 생각해야 하고, 생각을 정리하며 말하는 것이 어렵게 느껴지는 것이죠, 아이들이 이 과정을 많이 겪으면 질문과 동시에 생각을 정리해 말로 뱉어 내는 것이 익숙해집니다.

좋은 질문은 좋은 대답이 됩니다. 아이에게 좋은 질문을 던져 주세요. 아이들은 좋은 질문에 멋지게 대답하고 싶어합니다. 교실에서 책을 읽을 때 저는 책에 관련된 질문을 꼭 아이들과 나누었습니다. 《화해하기 보고서》 읽는 아홉 살 규리에게 "규리는 엄마와 의견이 안 맞았을 때 어떻게 풀어야 좋은 방법 같아?" 물었습니다. 한참을 생각하던 규리가 대답합니다.

"엄마의 의견이 뭔지 일단 저도 잘 들어 볼 것 같아요. 그런데도 이해가 안 가면 화내지 않고 짜증 내지 않고 좋은 말투로 내 의견을 말해 줄 거 같아요."

일곱 살 민겸이와 그림책 《브로콜리지만 사랑받고 싶어》 읽는 중에 물었습니다.

"민겸이는 누군가가 나를 싫어할 때 어떻게 하고 싶어?"

민겸이가 대답합니다.

"내가 좋아하는 걸 같이 하자고 말할 거예요. 내가 좋아하는 걸 좋아할 수 있게 최선을 다해서 재밌게 놀아 줄 거예요."

아이들은 자신을 향한 질문에서 사랑과 관심을 확인합니다. 학교를 마치고 집에 돌아온 아이에게 혹은 집으로 향하는 차 안에서 다섯 가지의 질문을 챙겨 묻습니다. 너의 하루가 궁금하다는 애정, 너의 생각도 내 생각만큼 중요하다는 신뢰, 너의 하루가 무탈했으면 한다는 바람, 힘든 상황에도 너를 지켜 줄 거라는 사랑을 담아 묻습니다. 아이는 자신의 하루를 솔직하게 말하며 조금씩 정돈하고, 그러다 보면 어느덧 묻지 않아도 스스로 이야기할 수 있는 시간이 찾아옵니다. 그럴 땐 너의 이야기가 너무 좋다는 얼굴로 경청하죠. 질문에 점차 익숙해지면 책을 읽고서도 질문을 꼭 빼놓지 않습니다.

아이들은 좋은 질문에 자신이 느낀 생각을 최선을 다해 대답하려 합니다. 아이에게 예의 있는 인터뷰어가 되어 주세요. 누구보다 성실한 인터뷰이가 되는 아이에게 반할지도 몰라요. 이 질문 다섯 개를 냉장고에 붙여 놓고 아이들에게 물어봐 주세요. 아이들의 일상을 궁금해하는 애정 어린 질문, 아이의 생각을 존중하는 질문과 경청은 아이의 말하기를 풍요롭게 합니다.

아이에게 건네는 **질문 5+5+5**

학교 끝난 후 아이에게 꼭 묻는 말 5

- 오늘 점심은 어땠어?
- 오늘은 누구랑 뭐 하고 놀았어?
- 오늘 수업 중 가장 재미있던 건 뭐야?
- 오늘 힘들거나 하기 싫었던 게 있어?
- 내일 꼭 챙겨야 할 거나 기억할 게 있어?

주말이 끝난 후 아이에게 꼭 묻는 말 5

- 이번 주말에 가장 재미있었던 게 뭐야?
- 다음 주말에 혹시 하고 싶은 거 있어?
- 오늘 아쉬운 점은 뭐야?
- 오늘 먹었던 음식 중에 제일 맛있었던 건 있어?
- 다음 주 학교에서 큰 행사나 기억해야 할 거 있어?

책을 읽은 후 아이에게 꼭 묻는 말 5

- 등장인물이 나라면 어떻게 할까?
- 이 책에서 바꾸고 싶은 장면은?
- 이 책에서 가장 마음에 드는 장면은?
- 이 책을 읽고 느낀 점은?
- 이 책의 별점은 몇 점?

누리쌤이 소개하는
추천 도서 30

제가 교실을 운영하며 아이들에게 꼭 소개하고 싶었던 책들을 모아 구성했습니다. 아이들의 언어 생활과 가치관, 정서와 감수성 함양에 도움이 될 책이 무엇일지 수십 번 고민해 서른 권의 리스트를 만들었습니다. 추천 도서 목록이 모든 아이의 취향에 걸맞을 순 없다는 것을 잘 알고 있습니다. 추천 리스트는 한 번에 사서 보지 말고 아이의 취향에 어떤 것이 어울릴지 생각하고, 함께 리스트를 보며 직접 고르게 하는 시간을 가져 보세요. 소개할 책의 제목과 간단한 줄거리, 주제, 어떤 대화를 나누면 좋을지에 관한 팁도 적어 보았습니다.

유아기 추천 창작 그림책

1 《브로콜리지만 사랑받고 싶어》

별다음, 달다름 글, 서영 그림 | 키다리 | 2021

나는 나다울 때 사랑받을 수 있구나

아이들이 싫어하는 음식 1위로 뽑힌 브로콜리는 사랑받고 싶어서 소시지로 변장도 해 보고 라면처럼 파마도 하지만 여전히 아이들은 브로콜리에 질색합니다. 여러 가지 수단으로 사랑을 갈구해도 결국 상처만 남은 브로콜리는 자신을 몽땅 갈아 넣은 수프 한 냄비를 끓이고 돌연 떠나기를 결심하는데요. 그런데 그 수프 냄새에 마법처럼 홀린 아이들이 브로콜리에 열광합니다. 사랑을 시작하기 위해 솔직하게 자신을 보여 준 브로콜리, 사랑은 어디에서부터 시작하는 걸까요?

Tip! 아이와 이렇게 읽어요

☐ 브로콜리는 사랑받기 위해 어떤 노력을 했어?
☐ 브로콜리는 외면당할 때 어떤 마음이었을까?
☐ 브로콜리의 수프가 인기 많아진 이유는 뭘까?

2 《완두》 다비드 칼리 글, 세바스티앙 무랭 그림 | 진선아이 | 2018

생김새는 모두 다르지만 모두 쓸모 있는 존재

몸집이 완두콩만 한 완두는 학교라는 기관에 다니며 자신이 남과 다름을 느껴요. 남과 다른 생김새로 상처받고 주저하던 완두는 꿈을 포기하지 않아요. 자신의 재능을 발견하고 꿈을 찾아 힘차게 걸어갑니다. 완두는 어떤 꿈을 꾸었을까요?

Tip! 아이와 이렇게 읽어요

☐ 몸집이 작은 완두는 어떤 점이 가장 두려웠을까?
☐ 내가 몸집이 작다면 무엇을 해 보고 싶어?
☐ 완두는 꿈을 찾을 때까지 어떤 노력을 했을까?

3 《종이 봉지 공주》

로버트 문치 글, 마이클 마르첸코 그림 | 비룡소 | 1998

편견을 벗어 던져!

드레스를 입지 않았다고, 머리칼이 엉망이라고, 오랫동안 당신을 기다렸대도 진짜 나를 발견하지 못한 당신이 안타까울 뿐이야. 타인에게 평가되어 맞춰지는 나는 싫어. 겉모습이 초라해도 나의 가치를 알아주는 당신을 원해! 드레스 대신 종이 봉지를 걸친 공주, 사랑은 드레스의 모양이 아니에요.

> **Tip!** 아이와 이렇게 읽어요
>
> ☐ 종이 봉지 공주의 모험을 보며 어떤 생각이 들었어?
> ☐ 종이 봉지 공주는 왜 왕자를 떠났을까?
> ☐ 종이 봉지 공주 같은 상황에서 나는 어떻게 할 수 있을까?

4 《식빵 유령》 윤지 글, 그림 | 웅진주니어 | 2020

우리 주변에 있던 길고양이들

빵집을 매일 엉망으로 만드는 길고양이. 빵집 청소 담당인 식빵 유령은 고양이를 쫓아내기 위해 갖은 방법을 고안해요. 마침내 고양이가 빵집에 오질 않죠. 춥고 눈 내리는 겨울밤, 유령은 막상 고양이가 오지 않자 걱정돼요. 그리고 그리워하죠. 어느 날! 부스럭대는 소리로 고양이의 컴백을 알리던 그때, 식빵 유령은 놀라고 마는데요. 고양이에게 무슨 일이 있었던 걸까요? 고양이는 유령의 친구가 될 수 있을까요?

> **Tip!** 아이와 이렇게 읽어요
>
> ☐ 식빵에 사는 유령은 어떻게 유령이 되어 식빵에 살게 된 것일까?
> ☐ 고양이는 어떻게 유령이 되었을까?
> ☐ 둘은 어떻게 살아갈까?

5 《고양이 찻집》 박종진 글, 설찌 그림 | 소원나무 | 2021

잘하는 것에 최선을 다하기

은퇴한 할아버지는 가장 자신 있는 차 만들기를 생각하며 작은 찻집을 열어요. 하지만 손님이 없지요. 그러던 어느 날 신사 고양이가 첫 손님으로 찾아와요. 할아버지가 정성껏 만든 차를 과연 고양이도 좋아해 줄까요?

Tip! 아이와 이렇게 읽어요

☐ 할아버지의 찻집에서 내가 꼭 먹고 싶은 차는?
☐ 고양이가 매번 차를 마시지 않는 이유는?
☐ 왜 고양이는 계속해서 찻집을 찾았을까?

6 《건전지 엄마》 강인숙, 전승배 글 | 창비 | 2023

건전지를 향한 특별하고 따뜻한 상상

한 어린이집의 기계 속으로 출근하는 건전지 엄마, 오늘도 건전지 엄마는 열심히 일해요. 그런데, 어린이집에 화재가 발생하고 건전지 엄마는 화재경보기 안으로 들어가요. 어린이집에 있던 아이들은 무사히 빠져나올 수 있을까요?

> **Tip!** 아이와 이렇게 읽어요
>
> ☐ 일상에서 건전지 엄마가 있던 곳을 생각해 봐
> ☐ 건전지 엄마가 화재경보기에 들어가 힘껏 울릴 때 어떤 마음이었을까?
> ☐ 건전지 엄마가 집에 돌아가 충전이 되는 이유는?

7 《이슬이의 첫 심부름》

쓰쓰이 요리코 글, 하야시 아키코 그림 | 한림출판사 | 1991

<u>내 아이의 첫 심부름, 독후 활동에 제격</u>

이슬이는 생애 처음으로 심부름하러 가요. 설레기도 두렵기도 한 이슬이, 이슬이는 엄마가 시킨 심부름을 무사히 마칠 수 있을까요? 이슬이의 여정을 함께 보아요.

> **Tip!** 아이와 이렇게 읽어요
>
> ☐ 이슬이가 슈퍼마켓으로 심부름 갈 때 느낀 감정은 무엇일까?
> ☐ 슈퍼마켓 아주머니가 자신의 목소리를 듣지 못할 때 이슬이는 어떤 마음이 들었을까?
> ☐ 심부름을 마치고 집에 돌아온 이슬이를 보며 엄마는 어땠을까?

8 《평범한 식빵》 종종 글, 그림 | 그린북 | 2021

> 평범한 것은 특별함을 만들지. 나를 믿어!

식빵은 멋진 빵들을 부러워해요. 평범한 빵보다 아주 화려한 빵이 되고 싶어 하는데요. 하지만 곧 깨닫게 되죠. 평범함이 특별함을 만든다는 것!

Tip! 아이와 이렇게 읽어요

- 식빵은 또 어떤 게 될 수 있을까?
- 평범함과 특별함은 무엇일까?
- 식빵은 자기 자신을 사랑했을까?

9 《이유가 있어요》 요시타케 신스케 글, 그림 | 주니어김영사 | 2020

> 어른들이 하지 말라는 것, 왜 하냐고요?
> 다 이유가 있어요

손톱을 물어뜯고, 다리를 떨고, 각종 습관을 나무라는 엄마. 하지만 이것들은 다 이유가 있다고요! 주인공이 설명하는 재미있고 기발한 이유를 들어 볼까요?

> **Tip!** 아이와 이렇게 읽어요
>
> □ 내가 가지고 있는 습관은?
> □ 그 습관에 이유를 붙여 보자면, 창의적인 이유가 있을까?
> □ 우리 가족의 습관을 관찰하자

10 《**지각대장 존**》 존 버닝햄 글 | 비룡소 | 1995

> ### 내 말을 믿지 않는 어른에게 전하는 따끔한 메시지
>
> 존은 학교에 가다가 수풀에서 튀어나온 악어에게 물릴 뻔해요. 위험을 헤쳐 겨우 학교에 도착합니다. 선생님은 왜 지각했느냐고 묻죠. 존은 사실대로 수풀에서 악어를 만나 늦었다고 말합니다. 선생님은 존의 말을 믿어 주지 않아요. 오히려 거짓말쟁이라고 화를 내고 거짓말하지 않겠다는 반성문을 300번이나 쓰라고 소리치죠.
> 나의 세계만이 진실이라고 믿는 어른, 아이의 말을 쉽게 재단하는 어른, 그 어른에게 속수무책으로 연이어 당하기만 하는 존. 존은 그 억울함을 해결할 수 있을까요?

> **Tip!** 아이와 이렇게 읽어요
>
> □ 선생님이 존의 말을 안 믿어 주었을 때 어떤 기분이었을까?
> □ 나라면 어떻게 했을까? 이런 경험이 있어?
> □ 존이 복수했을 때 내 감정은 어땠을 것 같아?

저학년 추천 도서

1 《**책 읽는 강아지 몽몽**》 최은옥 글, 신지수 그림 | 비룡소 | 2014

책을 향한 흥미를 선물하는 책

몽몽이라는 강아지는 책 읽기가 취미입니다. 집에 사는 식구들은 몽몽이의 비밀을 알지 못하죠. 어느 날 집에 사는 영웅이가 선물 받은 책을 읽다가 그것이 시리즈 책이고, 2권으로 이야기가 이어진다는 것을 알게 됩니다. 결말이 궁금해진 몽몽이는 결국 병이 나고 마는데… 몽몽이는 1권에 이어 그토록 읽고 싶었던 2권을 읽을 수 있을까요?

Tip! 아이와 이렇게 읽어요

☐ 몽몽이가 말하지 못하고 책을 읽기 위해서 했던 행동들은 무엇이지?
☐ 내가 몽몽이라면 사람과 소통이 안 되었을 때 어떤 방법을 써서 책을 읽으려 했을까?
☐ 영웅이가 게임 대신 선택한 책은 과연 어떤 내용이었을까?
☐ 친구가 책 선물을 해 준다면 어떤 기분이 들까?

2 《꼬마 너구리 요요》 이반디 | 창비 | 2018

각자의 마음, 감정을 이해하는 책

집을 잃은 아기 늑대가 요요 집에 찾아와요. 요요는 귀여운 늑대 동생이 생겨 행복하지만 늑대는 요요의 친구만 졸졸 따라다녀요. 결국 아기 늑대는 요요가 아닌 친구 집으로 가게 되는데요. 사랑을 주어도, 잘해 주려고 애써도 외면당한 요요의 마음은 어떨까요? 늑대는 왜 요요가 아닌 친구를 좋아했을까요?

Tip! 아이와 이렇게 읽어요

- 내가 좋아하는 만큼 상대방도 똑같이 좋아하는 게 당연한 걸까?
- 서로의 마음을 존중하는 건 무엇일까?
- 요요가 서운하지 않다고 하다가 눈물을 터뜨리게 된 이유가 뭘까?
- 후우와 포실이는 어떤 마음일까?

3 《한밤중 달빛 식당》 이분희 글, 윤태규 그림 | 비룡소 | 2018

사랑과 그리움, 아픔과 치유를 담은 책

나쁜 기억 하나를 주면 맛있는 음식을 대접하는 달빛 식당, 연우는 달빛 식당에서 어떤 기억을 대가로 지불하고는 그 기억을 잃고 말아요. 연우가 잃은 기억은 무엇이었을까요? 연우의 아픔을 찾아가 보아요.

> **Tip! 아이와 이렇게 읽어요**
>
> ☐ 한밤중 달빛 식당에 가서 말하고 싶은 기억이 있다면?
> ☐ 연우는 기억을 말하며 어떤 마음이었을까?
> ☐ 남아 있는 연우가 어떻게 살아가면 좋을까?
> ☐ 곁에 있는 친구들에게 나는 어떤 친구가 되어 주면 좋을까?

4 《쿰바의 꿈》 조소정 글, 김동훈 그림 | 청개구리 | 2012

도움과 나눔

우리가 사는 지구의 반대편엔 우리와 너무 다르게 사는 사람들이 있어요. 물이 없고 음식이 없어 힘들어하는 친구들이요. 그렇지만 한 가지 같은 것은 그 친구들도 꿈이 있다는 거예요. 아프리카에 사는, 꿈이 있는 쿰바를 응원해요.

> **Tip! 아이와 이렇게 읽어요**
>
> ☐ 쿰바를 위해 우리가 할 수 있는 건 뭘까?
> ☐ 작은 기부를 통해 쿰바를 돕게 되었을 때 어떤 기분이었을까?
> ☐ 우리가 아무 생각 없이 누렸던 것들이 쿰바와 쿰바 가족들에겐 어떤 의미일까?

5 《깊은 밤 필통 안에서》 길상효 글, 심보영 그림 | 비룡소 | 2021

귀여운 필기구로 기분 좋은 상상

담이의 필통 속 필기구들의 세상, 담이가 선택한 필기구는 담이의 하루와 생각을 나눠요. 담이가 어떤 마음으로 선택할 때, 어떤 마음으로 쓸 때 필기구는 행복해질 수 있을까요?

Tip! 아이와 이렇게 읽어요

☐ 내 필통 속 필기구 중 가장 아끼는 건 뭘까?
☐ 필기구가 나의 생각을 알고 있다면 날 어떤 사람이라고 생각할까?
☐ 필기구들이 필통 안에 있으면서 무슨 생각을 할까?

6 《화해하기 보고서》 심윤경 글, 윤정주 그림 | 사계절 | 2011

화해하는 방법

엄마와 매일 싸우는 은지, 은지와 엄마 사이엔 다른 입장이 있어요. 둘은 화해를 위한 보고서를 쓰기 시작해요. 이 보고서를 통해 서로를 이해할 수 있을까요?

> **Tip! 아이와 이렇게 읽어요**
>
> ☐ 엄마와 싸운 적 있어?
> ☐ 가장 좋은 화해는 어떻게 하는 게 좋을까?
> ☐ 화해하기 보고서를 만들어 보자

7 《화요일의 두꺼비》 러셀 에릭슨 글, 김종도 그림 | 사계절 | 2014

우리도 친구가 될 수 있을까?

고모에게 드릴 딱정벌레 쿠키를 만든 워턴, 추운 겨울 위험을 무릅쓰고 고모에게 가져다 드릴 채비를 마치죠. 고모에게 향하는 길, 워턴은 올빼미에게 잡히는데요. 올빼미는 워턴을 화요일에 잡아먹겠다고 말합니다. 워턴은 과연 무사히 살아남을 수 있을까요?

> **Tip! 아이와 이렇게 읽어요**
>
> ☐ 워턴은 어떤 방법으로 위험에서 빠져나오지?
> ☐ 올빼미와 워턴은 무엇을 통해 친구가 됐지?
> ☐ 마음을 나누는 건 어떻게 하는 것일까?

8 《오빠가 미운 날》 곽영미 글, 김혜원 그림 | 숨쉬는책공장 | 2020

장애인을 이해해요

아픈 오빠가 있는 수아, 수아는 오빠 때문에 속상한 마음이 들 때마다 일기를 적어요. 장애인을 이해하고 함께하는 가족을 이해하는 마음, 같이 읽어 보아요.

Tip! 아이와 이렇게 읽어요

☐ 수아와 정현 오빠의 입장은 각자 어떨까?
☐ 사람들이 정현이를 어떻게 봐 주면 좋을까?
☐ 가족은 서로에게 어떤 존재가 되어 주어야 할까?

9 《칠판에 딱 붙은 아이들》 최은옥 글, 서현 그림 | 비룡소 | 2015

갈등과 위기에 놓였을 때

하루아침에 칠판에 손이 딱 붙어 버린 아이들, 아무리 떼려 해도 붙어 버린 몸은 떨어지질 않는데요. 순식간에 재난 상황이 된 학교, 위기에 놓인 아이들은 과연 칠판으로부터 몸을 떼어 낼 수 있을까요?

> **Tip! 아이와 이렇게 읽어요**
>
> ☐ 친구와 싸운 경험이 있다면 이야기해 보자
> ☐ 대화하면 좋은 점은 무엇일까?
> ☐ 자신의 감정을 어떤 방식으로 생각하고 이야기하는 게 좋을까?

10 《어린이를 위한 우동 한 그릇》

구리 료헤이, 다케모도 고노스케 글, 이가혜 그림 | 청조사 | 2015

> **따뜻한 나눔 가까이에**
>
> 한 우동집에서 따뜻한 나눔을 행하는 가게 주인 부부, 시간이 오래 흐르고 한 손님이 찾아오는데요. 무슨 사연이 있었을까요?

> **Tip! 아이와 이렇게 읽어요**
>
> ☐ 우리가 행할 수 있는 나눔은?
> ☐ 어려움을 발견하고 돕는 방법은?
> ☐ 선행과 나눔을 받았을 때 어떤 기분이 들까?

고학년 추천 도서

1 《**바꿔!**》 박상기 글, 오영은 그림 | 비룡소 | 2018

이해로 깊어지는 사랑

자고 일어났더니 뒤바뀐 모녀, 처음 겪는 변화에 당황스러운 둘은 이 위기를 어떻게 극복할까요? 딸의 모습으로 학교에 간 엄마와 엄마의 모습으로 엄마 직장에 출근한 딸, 각자의 위치에서 서로에 대해 이해하도록 돕는 책. 즐거운 상상과 시린 감동을 마주하며 내가 모르는 시간을 살고 있는 서로를 응원하고 사랑하게 만듭니다.

Tip! 아이와 이렇게 읽어요

☐ 누구와 하루를 바꾸고 싶어?
☐ 나의 가장 소중한 사람은 어떤 하루를 보내고 있을까?

2 《까칠한 아이》 남찬숙 글, 백두리 그림 | 대교북스 | 2018

사춘기를 겪는 너에게

매 순간 혼자 있고 싶어지는 지현이는 사춘기입니다. 지현이는 아주 까칠한 아이가 되어 버립니다. 방문을 잠그고 종일 휴대폰만 보는 지현이를 보며 부모님은 속상해 하는데요. 지현이도 나름대로 답답한 속마음이 있기 마련이죠. 그런 지현이의 마음을 알아주는 건 다름 아닌 갑자기 들어온 불청객 고양이! 늘 뾰이나 있는 지현이의 진짜 마음을 이 책을 통해 알 수 있어요. 지현이의 서사를 쭉 읽으며 까칠한 아이의 속은 사실 저렇게 말랑하다는 것을 느끼게 될 거예요.

Tip! 아이와 이렇게 읽어요

☐ 내 마음을 몰라주는 것 같았던 때가 있어?
☐ 가장 공감 가는 장면이 있어?

3 《몽실 언니》 권정생 글, 이철수 그림 | 창비 | 2012

굽이진 고개를 넘어가는 몽실 언니
그 옆에 있었던 사람들

몽실 언니의 굽이굽이 인생을 보면 가슴이 쓰려 잠을 이룰 수 없습니다. 몽실 언니가 걸어가는 삶을 자꾸만 응원하다 보면 새삼 고마워지는 사람, 너무도 미워지는 사람이 책 위로 선명하게 떠오르는데요. 그들과 함께 당시 시대의 상황과 정서를 간접적으로 경험할 수 있습니다. 가혹할 만큼 힘들었던 세월을 관통한 몽실 언니는 지금 행복할까요? 꼭 그랬으면 좋겠다고 응원하게 됩니다.

Tip! 아이와 이렇게 읽어요

☐ 책을 통해 알 수 있는 시대 배경은?
☐ 몽실 언니에게 편지를 써 보자

4 《일곱 번째 노란 벤치》 은영 글, 메 그림 | 비룡소 | 2021

우리라는 공공의 선

멀었던 타인을 우리로 연결 짓는 소설. 너와 나는 다르지만 너에게 나는 의미가 될 수 있음을 잔잔한 일상을 통해 선물합니다. 일곱 번째 노란 벤치는 사실 누구나 앉을 수 있는 모두의 벤치가 아닐까요?

Tip! 아이와 이렇게 읽어요

☐ 사소한 인연에게 고마웠던 순간은?
☐ 어떤 사람과 함께하고 싶어?

5 《강남 사장님》 이지음 글, 국민지 그림 | 비룡소 | 2020

크리에이터 고양이, 너의 비밀을 알려 줘

유튜브 크리에이터 스타 고양이! 그리고 고양이의 집사로 취직한 주인공! 무조건적 따뜻함보다는 은근한 친절을 베푸는 고양이를 보며 내면에 숨겨진 그 너그러움을 닮고 싶어집니다. 고양이가 왜 주인공을 기억하고 있을까요? 아이들이 좋아하는 크리에이터 주제인 만큼 가독성 좋고 반전도 있는 책

"할배는 내가 공짜로 마음을 베푼 만큼 내가 사랑하는 사람도 공짜로 마음을 받을 수 있다고 했다. 마음은 돌고 돌아 결국 내

가 사랑하는 사람한테 오는 거라고. 결국 할배에게 항복할 수밖에 없었다."

> **Tip!** 아이와 이렇게 읽어요
> ☐ 도움받았던 경험을 이야기해 보자
> ☐ 베풀고 싶은 사람이 있다면?

6 《마틸다》 로알드 달 글, 퀸틴 블레이크 그림 | 시공주니어 | 2018

어리석은 어른들아, 나는 마틸다야!

어리석고 교활한 어른들 틈에서 유쾌하게 인생을 살아가는 마틸다를 만나요. 책장을 넘길수록 통쾌하고 신나 멈출 수 없을 거예요. 그리고 '하니 선생님'처럼 따뜻한 어른이 되겠다고 다짐하죠. 성숙한 가치관이란 좋은 마음이란 무엇인지, 극적인 이야기들을 통해 저절로 알게 됩니다. 가독성의 끝판왕!

> **Tip!** 아이와 이렇게 읽어요
> ☐ 나에게 초능력이 생긴다면?
> ☐ 교활한 어른에게 하고 싶은 말은?

7 《담을 넘은 아이》 김정민 글, 이영환 그림 | 비룡소 | 2019

편견과 혐오를 넘어 당당하게 걷는 그녀

흉년이 깃든 조선, 편견과 혐오, 가난 속에서 허우적대는 한 가족이 적나라하게 그려집니다. 가난한 형편에 여성으로서 겪는 크고 작은 차별로 일상 속 배움의 열망마저 꺾인 푸실이. 그럼에도 어린 동생들을 살뜰히 돌보며 자신의 앞에 있는 담을 힘차게 넘어가는 푸실이, 푸실이가 넘어갈 담이 너무 높아 목이 다 아픈 채 책을 읽기 시작했다면 책을 덮는 순간 푸실이는 용기를 잃지 않고 씩씩하게 그 담을 넘고 있음을 깨닫게 됩니다. 그리고 나에게도 그 용기가 생기고 있다는 걸 알게 될 테죠.

Tip! 아이와 이렇게 읽어요

☐ 이 책의 시대 배경을 생각해 보자
☐ 이 책 이후의 이야기는 어떻게 될까?

8 《빨강 연필》 신수현 글, 김성희 그림 | 비룡소 | 2011

행운보다 나를 믿을래

어느 날 내게 행운처럼 찾아온 빨강 연필. 주목받기 어려웠던 주인공이 이 요술 연필로 인해 글쓰기 신동이 되면서 각종 대회를 모두 휩쓸게 되는데요. 기쁨도 잠시, 자기 능력으로 얻은 결과가 아님에 더없이 불안하기만 합니다. 내가 노력하지 않은 결과로 박수받는 것은 어떤 마음일까요? 스스로 떳떳한 마음을 느끼게 해 주고 싶다면, 이 책이 그걸 알려 줄지도 몰라요.

> **Tip! 아이와 이렇게 읽어요**
> ☐ 내게 빨강 연필이 생긴다면 어떻게 할까?
> ☐ 최선을 다해 본 경험이 있다면 이야기해 보자

9 《5번 레인》 은소홀 글, 노인경 그림 | 문학동네 | 2020

눈부시고 아름다운 성장

수영을 통해 성장하는 아이들, 활발하고 넓고 푸른 수영장이 글자로 펼쳐져요. 꿈을 향해 순수하게 열정을 다하는 모습, 스스로 인정하고 패배하면서 다시 또 내일을 향해 나아가는 친구들을 만나며 승부와 성장은 한 가닥 안에 있음을 알게 됩니다. 다 읽고 나면 5번 레인 앞에 함께 서 있을 독자들은 벅차고 기분 좋은 마음으로 가득 찰 거예요.

> **Tip! 아이와 이렇게 읽어요**
> ☐ 경쟁에서 패배한 경험을 이야기해 보자
> ☐ 올바른 성장은 어떻게 하는 걸까?

10 《몬스터 차일드》 이재문 글, 김지인 그림 | 사계절 | 2021

차별과 편견에서 벗어나는 아이들

주인공 하늬와 산들 남매는 돌연변이 증상을 보이고 있죠. 이 질병으로 인해 일곱 번의 전학을 다닙니다. 신체적 고통보다 타인이 주는 시선과 말들에 더 큰 고통을 느끼는 하늬와 산들을 보며 차별과 혐오의 무게를 조금씩 느끼게 됩니다.

"미워해서 뭐 해. 그런다고 바뀌는 것도 아니고, 그리고 아이들을 미워하니까 오히려 내가 더 미워지잖아. 나 스스로를 미워할 수는 없으니까."

우리 마음속에 있는 그릇된 색안경을 벗겨줄 수 있는 책

Tip! 아이와 이렇게 읽어요

☐ 차별과 혐오에 대해 생각해 보자
☐ 그릇된 편견과 싸우기 위해 내가 할 수 있는 일은 뭘까?

누리쌤이 추천하는 책 재미있게 읽는 방법

1. 책의 제목을 두고 아이가 원하는 책을 고르게 합니다.
2. 책 제목으로 내용을 유추해 봅니다.
3. 아이와 함께 도서관이나 서점에 가서 고른 책을 살핍니다.
4. 살핀 후 마음에 드는 책을 도서관에서 빌리거나 서점을 방문하여 구입합니다.
5. 번갈아 가며 음독하거나 단락을 나눠 읽은 후 대화합니다.
6. 추천 리스트 아래에 있는 <아이와 이렇게 읽어요>에 적혀 있는 질문에 답을 하고, 생각을 나눠 봅니다.

아이의 생각이 자라는
글쓰기

STEP 01

글쓰기를
시작해요

글을 쓰면
왜 좋을까요

언어 능력은 읽기, 말하기, 쓰기, 듣기의 총합입니다. 이 네 가지가 유기적 관계를 맺고 있으니 네 가지 중 하나를 뺀다면 다른 하나에서 문제가 생기기 마련입니다. 네 가지의 관계를 이해하고 함께 다져 나가야 풍성하고 이로운 언어 생활을 즐길 수 있습니다.

특히 글쓰기는 생각과 글자를 조합해서 나라는 사람을 구체적으로 표현하는 작업입니다. 글쓰기는 언어 능력에서 굉장히 중요한 부분으로 말하기보다 더 정교하고 세심한 작업이 필요합니다. 조금 더 다듬어진 나를 표현하는 정중하고 예의 있는 방식이기도, 솔직하고 거침없는 방식이기도 합니다. 때론 아름답고 우아한 방식이기도, 거만하고 익살스러운 방식이기도 하죠. 개개인의 색깔로 저마다 자신을 표현합니다. 그뿐만 아니라 자신이 써 내려가는 글을 읽으면서 전달하려는 논리와 주제를 점검하고 확인할 수 있습니다. 수정과 정리가 가능하다는 점은 글쓰기에서 가장 이로운 점이기도 하죠.

하나의 문장을 위해 여러 번 생각하고 고민하는 과정에서 우리는 좀 더 나은 글을 만듭니다. 여러 번 생각하는 것, 정리하는 것, 글을 써 내려가는 것은 서툰 성장기의 아이가 언어의 정제와 조절을 배우며 성장하는 일과 같습니다. 아이의 글쓰기는 평생에 걸칠 언어 생활과 마음속의 뿌리를 튼튼하게 키워 줍니다. 자신의 성장 과정을 끌어안고 진득하게 관찰하며 청사진을 갖기 때문입니다.

글을 쓰는 것은 블록을 조립하듯 문자와 기호, 감정과 생각을 조립하는 과정이라고 아이들에게 알려 줍니다. 작고 큰 블록들을 조립해서 하나의 결과물을 만들어 내듯 내가 알고 있는 문자와 감정, 생각을 재료 삼아 창의성을 접목해 만들어 낸 문장들은 아름답습니다.

아이들에게 묻습니다.

"얘들아, 말로 하면 편한데 쓰는 거 정말 귀찮지? 그럼에도 우리가 글을 쓰는 이유를 아는 사람?"

4학년 도균이가 대답합니다.

"어…. 말하다 보면 더듬거릴 수 있는데 글로 하면 안 더듬으니까요."

맞습니다. 도균이의 대답은 참입니다.

도균이의 말은 글쓰기는 스스로가 통제할 수 있고 구조와 문장을 내가 유리한 쪽으로 배치할 수 있다는 뜻이죠. 말은 뱉어 버리기 전에 생각할 시간이 너무 짧지만 글은 생각할 시간을 준다는 것입니다. 그래서 글로 쓰면 훨씬 유려하고 유연하고 정확해질 테죠. 즉흥적인 말이 물론 더 좋을 때도 있지만 제가 하는 강의만 놓고 봐도 확실히 미리 계획을 짜고 시나리오를 준비했을 때 더 여유로운 유머가 나오고 청중도 집중합니다.

저에게 유리한 쪽으로 언어 배치를 해 두었으니 그러겠죠.

생각할 시간이 주어지는 글쓰기. 이것은 글쓰기가 나를 돌보는 시간을 갖게 해 준다는 의미이고, 또 넓히면 글쓰기란 결국 나를 사랑하는 일이기도 하네요.

글을 쓴다는 것은 결국 나를 사랑하는 일.

글을 쓴다는 것은 불만도 아픔도 슬픔도 고통도 분노도 한 걸음 떨어져 바라볼 수 있는 일.

나와 엮인 타인을 둘러보는 일. 그러다가 엮이지 않은 것 같았던 타인까지 모두 '우리'였음을 깨닫는 일.

그 '우리'를 사랑하게 만드는 일이라 말하고 싶습니다.

아이들이 교실에서 즐거운 독서 수업을 하고 온 날이면, 저는 어김없이 앉아 글을 쓰고 싶은 충동을 느꼈습니다. 왜일까 고민해 보면, 좋은 감정을 글로 쓸 때 그 감정이 더 오래도록 간다는 것을 알기 때문입니다. 다음에 또 이런 감정을 느끼면 그것이 얼마나 소중한 감정인지를 잊지 않고 싶어서 하는 적극적 행동이라는 것을 깨달았습니다.

저는 아이들이 글로 자신의 감정과 생각을 털어놓을 수 있는 사람, 쓰지 않으면 견딜 수 없는 사람이 되길 바랍니다. 그러면 어떠한 상황에서도 일어날 힘이 생길 것이라 믿습니다.

좋은 책을 읽고 나면 내 안에 드는 생각과 감정을 글로 표현할 수 있는 아이, 상황을 객관적으로 지켜보고 정리할 수 있는 아이, 마음이 동요하는 것을 쓰려고 안달이 난 아이에게는 나를 사랑할 힘이 생깁니다. 아이들과 오늘도 읽기에 이어 쓰기를 이어가고 싶습니다.

˚글씨를 **바르게** 써요

　시간이 흐를수록 아이들이 연필을 제대로 쥐고 글씨 쓰는 것을 힘들어합니다. 세대가 거듭될수록 그렇습니다. 조금만 써도 손이 아프다고 말하고 쓰기 양이 많아지면 힘들다고 투정을 부리기도 하죠. 디지털의 발달로 인해 글쓰기의 자리 역시 사라지고 있습니다. 저 또한 어느 순간부터 손으로 글씨 쓰는 게 힘이 듭니다. 타이핑이 익숙해지면서 손글씨 쓰는 일이 줄어들었기 때문입니다. 어차피 컴퓨터로 쓸 건데 뭐 하러 쓰냐고 묻기도 합니다.

　모두 이해가 되는 말이지만 저는 아이들에게 연필로 글씨 쓰기를 강조하고 있습니다. 필사란 가장 느리게 읽는 독서라는 말이 있듯이, 글씨 쓰기는 머릿속에 글자를 직접 심으며 천천히 감정을 그리는 행위입니다. 필기를 중요하게 여기는 학생들은 글쓰기에도 정성을 들이고 한 글자, 한 단어를 더 세심하게 매만지죠. 기억도 더 오래 하고요. 필기를 통해 학습 내용을 정리하고, 기억하는 공부법은 예전부터 효과적인 방법으로 알려져 있습니다. 글씨 쓰기는 자신의 마음을 정리하는 정성스러운 행위입니다. 여전히 타이핑된 글보다 손편지에서 더 따뜻한 마음을 느끼는 것만 보아도 글씨는 감정이 고스란히 묻어나는 매체죠.

또 일기나 활동지로 대부분의 글쓰기를 소화하는 아이들이 글씨 쓰는 것을 귀찮다고 여기면 내가 하고 싶은 말이 열 글자여도 쓰기가 귀찮아 대충 여섯 글자로 줄여 버리는 경우도 많습니다. 글씨를 정자로 반듯하게 오래 쓸 수 있도록 도와주는 근육을 기르는 데는 필사가 큰 도움이 됩니다. 또박또박 써 나갈 때 감정과 생각도 선명해집니다. 알림장 또박또박 쓰기, 동시나 책의 구절 정자로 따라 쓰기 등 글씨 잘 쓰는 연습을 하면 글쓰기에 큰 도움이 됩니다. 바른 글씨를 쓰는 힘을 기른다는 것은 내가 하고 싶은 이야기를 떠오르는 만큼 풍성하게 담는 과정이 될 수 있다는 의미입니다. 조금 귀찮더라도 하고 싶은 말을 생략하지 않으려면 글씨를 바르게 쓰는 연습을 많이 할수록 도움이 됩니다.

글씨 바르게 쓰기 연습을 할 때 사용하는 방법 중 하나는 좋아하는 가수의 노래 가사나 좋아하는 배우의 드라마 대사를 뽑아 손글씨로 옮겨 쓰는 것입니다. 특별히 좋아하는 대상과 관련된 글을 손으로 쓸 때 아이들은 평소보다 더욱 정성을 기울입니다. 역시 아이들의 흥미 자극은 취향과 관심사에서 비롯됩니다.

아이돌 그룹의 노래 가사지를 뽑아 아이들에게 옮겨 쓰라고 하면, 평소 흥얼거렸던 노랫말들을 천천히 살피면서 그 어휘와 의미를 생각합니다. 쓰면서도 정성을 기울이죠. 흘려들었던 노랫말이 갑자기 생동감 넘치게 다가오고, 느끼거나 보지 못했던 감정선을 파악하기도 하죠. 아이들이 즐겨 보는 영화나 드라마의 대사를 뽑아 주기도 합니다. 쓰다 보면 어떤 감정인지 어떤 말인지 더욱 와닿습니다. 정성스럽고 예쁘게 쓴 글은 대충 보관하는 것이 아니라 파일에 꽂거나 공책에 잘 붙여 두어 특별함을 덧입힙니다. 각별하게 보관할 수 있으면 아이들은 자신의 작품을 전시한다고 생각하며 평소보다 글씨에 많은 정성을 기울입니다.

쓰는 연습을 많이 한 아이는 좋은 글씨를 구사합니다. 좋은 글씨를 가지면 어른이 되어서도 좋습니다. 좋은 글씨체를 가진 사람은 신뢰를 얻기 좋고 매력적으로 느껴집니다.

자신을 상징하는 글씨체를 제대로 만드는 시기는 필기를 일상적으로 하는 학생 시절이지만, 시간이 갈수록 글씨를 잘 쓰는 아이들이 드물다고 합니다. 이것 역시 미디어 때문입니다. 아이들이 필기에 정성을 기울여 글씨를 통해 자신을 드러내고 쓰는 일에 스스럼이 없도록 글씨 바르게 쓰는 연습을 가정에서 꾸준히 해 주세요. 내 글씨를 만들고 색을 덧입히는 행위에 양육자가 적극적으로 동참해 주세요. 감정을 꾹꾹 담은 나만의 손글씨를 만드는 시기, 바로 책가방과 필통을 일상적으로 가지고 다니는 지금입니다.

(**글씨를 바르게 쓰기 위한 핵심 키워드!**)

1 연필 바르게 쥐는 법을 익힌다.
2 좋아하는 노래 가사나 좋아하는 드라마 대사를 옮겨 적는다.
3 예쁘게 쓴 글씨는 전시하거나 코팅하여 파일에 보관한다.

○ 정성스러운 **쪽지와 답장**은 글쓰기의 동기가 돼요

좋은 글의 토대는 글씨를 삐뚤빼뚤 쓰기 시작할 때, 글자에 흥미를 갖고 서서히 알아가는 시점부터입니다. 이때 양육자의 태도가 아이 글쓰기의 자신감을 만듭니다.

아이들은 글씨를 배우기 시작하면 예외 없이 양육자에게 짧은 쪽지를 남기곤 합니다.

"엄마 사랑해요."

삐뚤빼뚤 쓴 쪽지를 처음 받으면 대부분의 양육자는 설레고 기쁘고 감동스럽습니다. 그 짧은 쪽지를 소중하게 간직하고 사진을 찍어 SNS에 올리기도 합니다. 하지만 시간이 지날수록 '엄마 사랑해요'의 여섯 글자에서 느꼈던 감흥은 잊어버리고 아이가 더 길게 글을 쓰기 바랍니다. 어버이날에도, 특별한 행사에도 '낳아주셔서 감사합니다.', '부모님 사랑해요.' 이외에 더 긴 글이 들어가길 기대합니다. 시간이 흐를수록 편지 내용을 기대할 뿐 짧은 쪽지들에 답장을 써 주는 양육자는 흔치 않습니다.

편지에 수신인이 있으면 발신자는 더 정성을 기울이듯 수신인의 답장을 받은 경험이 있는 아이는 다음 편지에서 더욱 정성을 쏟습니다. 또 아이에게 한 번씩 편지를 써 주는 양육자가 있다면 글로 전달받는 마음과 기쁨을 알기에 자신도 마음을 전할 때 편지를 선택할 수 있습니다.

마음이 들어간 편지는 좋지 않을 이유가 없습니다. 수신인이 기뻐할 수 있다고 생각하면 편지에 정성이 들어갑니다. 게다가 써 준 마음에 답을 받는다면 아이는 수신인이 자신의 편지에 감응했음을 알고 행복을 느낍니다. 편지를 써 주거나 답장하거나 짧게라도 코멘트를 남기는 것은 글쓰기의 감동과 즐거움을 느끼는 시발점입니다.

아이가 보내는 작은 쪽지도 넘기지 말고 사랑과 고마움을 담아 답장을 보내 주세요. 다음 편지에 대한 기대, 너에 대한 궁금증을 짧은 한 줄로라도 남기는 부모가 되어 주세요. 때로 짧은 일기에도 양육자의 코멘트를 적어 주고, 아이의 생일이면 편지를 적어 주세요. 짧은 쪽지를 냉장고에 붙여 주세요. 아이는 그를 보고 자신의 글에 만족하고 다음에 더 좋은 글을 쓰고자 하는 다짐과 욕심이 생깁니다.

큰아이가 일곱 살 되던 해에 '엄마 오늘도 만이 웃자.'라고 쪽지를 하나 적어 주었습니다. '많이'가 아닌 '만이'라고 적어 준 9글자가 여전히 저에게 큰 의미입니다. 그 쪽지에 '고마워. 덕분에 이미 충분히 웃었어.'라고 적어 붙여 주었습니다. 아이는 답장을 보며 자신의 의미를 충분히 찾은 듯한 충만한 표정을 지었습니다.

지금도 아이가 쓴 일기 밑에는 짧은 코멘트를 달아 일기 속 사건에 대해 충분히 공감을 보이고, 편지에는 꼭 답장해 아이의 마음에 호응해

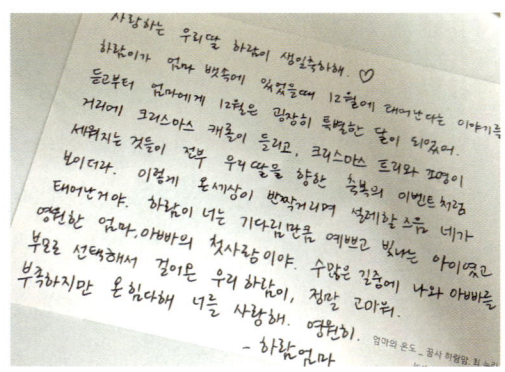
▲ 큰아이 생일에 써 준 편지

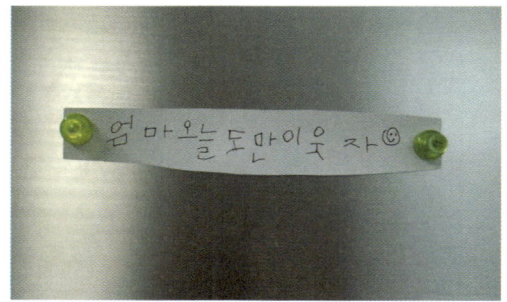
▲ 글자를 배우기 시작했던 아이가 남긴 쪽지

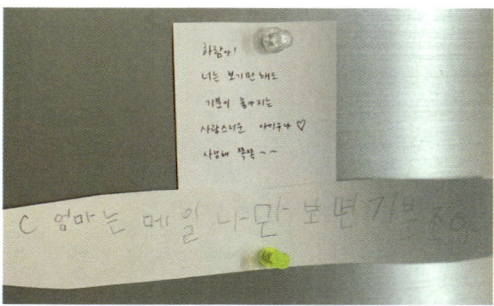
▲ 글자를 배우기 시작한 아이의 쪽지와 답장

주곤 합니다. 그러자 아이가 무슨 일이 생길 때마다 글을 쓰고, 제 편지 역시 소중하게 간직하기 시작했습니다. 교실에서 만나는 아이들도 마찬가지입니다. 아이들이 쓴 글에 선생님이 짧게라도 코멘트를 달아 주면 아이들은 자신이 쓴 글에 엄청난 자부심을 느끼며 자랑스러워합니다. 수신인을 위해 쓴 편지에, 그 수신인이 보내 준 나의 글에 대한 존중은 조금 더 좋은 글을 계속해서 쓰고 싶다는 마음이 될 수 있습니다.

아이의 글 양이 저절로 늘길 기대하기보다 짧은 글에도 정성스럽게 화답하는 적극적인 수신인이 되어 주세요. 때로는 아이에게 마음을 보내는 발신인이 되어 주세요. 아이는 그 대답을 충분히 느낄 것입니다. 나의 마음이 전달되었다는 확신과 새로운 마음을 받은 응원으로 또 쓰고 싶다는 동기를 얻을 것입니다.

˚아이의 **단순한 글쓰기**가 고민이에요

　요즘 아이들의 일기나 글쓰기를 보면 '나는'으로 시작해 '재미있었다'로 끝나곤 합니다. 아이의 일기를 읽어 본 후 이날 구체적으로 무슨 일이 있었냐고 묻고 잘 들어 보면, 사실 그 일은 재미있는 일이라는 단순한 언어로 표현하기엔 아까운 귀한 사건일 때가 많습니다. 궁금했던 일, 무섭고 두려웠던 일, 흥분되고 설레었던 일, 가슴 뛰고 지쳤던 일, 감동적이었던 일, 모든 감정을 그저 뭉뚱그려 '재미있었다'로 매듭짓곤 합니다.

　아이들에겐 '재미있었다'가 선물의 마지막을 장식하는 포장 리본 같은 셈인데, 그게 그저 '재미있었다'로 통일되지 않으려면 다양한 감정을 가르쳐 주는 것, 감정을 표현하는 문장들을 많이 알고 이야기 나누는 것이 큰 도움이 됩니다.

　큰아이를 낳고 10개월 정도 되었을 때 감정을 설명하는 플래시 카드를 제작했습니다. '사랑해요', '기뻐요', '슬퍼요', '화가 나요', '설레요', '행복해요', '힘들어요', '아파요' 등을 적은 감정 카드를 만들어 아이에게 보여 주고, 감정에 대한 설명을 자주 들려주었지요. 그 덕인지 아이는 유치원에서도 감정을 잘 표현하는 아이로 유명했습니다. '바지에 실수하면 찝찝해요', '친구가 나를 아프게 하면 불편해요', '그런 행동을 하는 건 싫어요'라고 말하며 자신의 감정을 표현할 줄 알게 된 것이죠. 그러다 보니 글쓰기에서도 큰아이는 문장력이 좋았습니다.

큰아이가 일곱 살에 쓴 동시입니다.

엄마

강하람

엄마가 슬프면 나도 울어요.
엄마가 화나면 나도 화가 나요.
엄마가 아프면 나도 아프고
엄마가 행복하면 나도 그래요.

엄마의 감정에 동기화해 색종이에 적은 동시는 오래도록 저에게 중요한 의미가 되었습니다. 감정을 적은 글은 독자에게 공감과 위로를 줍니다. 감정 표현은 중요한 키워드입니다.

아이가 글을 잘 쓰길 바란다면 책을 읽으며 사람의 마음에 있는 감정과 그 표현을 익히는 게 좋습니다. 감정 표현을 도와주는 책도 많죠. 특히 《아홉 살 마음 사전(박성우 글, 김효은 그림/창비/2017)》이란 책은 페이지마다 상황 묘사와 그에 적절한 감정 표현이 담겨 있습니다. 다양한 상황에서 느낄 수 있는 감정과 표현을 익히는 데 도움을 주죠. 큰아이 초등학교 입학 전 하루 한두 장씩 이 책을 읽으며 이야기를 나누었고, 글쓰기 표현에 큰 도움이 되었습니다.

아이들은 글쓰기의 시작을 두려워하곤 합니다. 첫 문장을 떼지 못해서 그날 있었던 일을 뻔하고 흔한 문장으로 쓴 후 '재미있었다.'로 마치곤 합니다. 글쓰기 시작을 어려워하는 아이들을 위해 첫 문장을 제시하는 방법도 있습니다. 첫 문장 예시를 여러 개 제안하면 뒤 문장을 조금 더 창의적으로 쓰게 된답니다. 그러니 첫 문장 재료를 일기장이나 아이 책상맡에 붙여 두는 것도 좋은 방법입니다. 아이는 그것들을 참고해 새로운 방식의 글을 만들어 냅니다.

글쓰기가 쉬워지는 **첫 문장**

 QR 코드를 찍으면 아이와 함께할 수 있는 활동지를 다운로드 받을 수 있어요.

가장 기억에 남는 말을 인용한 첫 문장

> 예
>
> "하람아. 학교 가야지!" 오늘 아침도 어김없이 엄마가 나를 깨우는 소리가 들린다.

감정을 먼저 표현하는 첫 문장

> 예
>
> 기분이 좋지 않았다.
> 화가 머리끝까지 차올랐다.
> 설렘으로 붕붕 떠 있는 기분이었다.

날씨를 활용한 첫 문장

예

미세먼지가 없는 맑은 봄날이다.
초록이 싱그러운 여름날이다.

과거의 일을 현재로 소환하는 첫 문장

예

오래전 일이다.
일곱 살 겨울 방학 때의 일이다.

소리를 나타내는 첫 문장

예

"통통 통통" 아침부터 공 굴리는 소리가 들린다.

책에서 본 말을 인용한 첫 문장

예 '너희들은 다 돼지야.' 앤서니 브라운이 쓴 《돼지책》에 나온 말이다.

갔던 장소를 생생하게 표현하는 첫 문장

예 푸른 바다와 모래사장, 알록달록 채워진 파라솔.

아이가 글쓰기를 막막해 할 때 재미있는 첫 문장을 쓸 수 있게 도와주세요. 무엇이든 처음이 어려운 아이들이라면 선택지를 주는 것만으로도 조금 더 쉽게 글 문을 열고 들어갑니다. 그 이후에 창의적인 글쓰기를 이어갈 수 있습니다.

○ 동시를 읽으며
표현을 익혀요

　교실을 운영하며 일주일에 하나씩 동시를 읽고 외우게 합니다. 동시에는 많은 문학 재료가 숨어 있습니다. 노랫말처럼 비유와 은유를 사용해 함축적 언어를 구사하는 동시는 문학의 엑기스라고 봐도 무방합니다. 긴 글보다 짧은 시에서 오는 전율이 때로 더 큰 이유는 저자가 글의 주제를 짧은 글에 잘 담기 위해 많은 함축적 언어를 배치했기 때문이죠.

　문장과 문체를 세심하게 고민하고 창작한 글이 시입니다. 동시를 많이 읽은 아이는 자연스럽게 창의력이 길러질뿐더러 아름다운 문장과 표현, 어휘를 제 것으로 습득합니다. 또 시를 여러 방면으로 생각하고 음미하면서 수준 높은 독자가 될 수 있습니다. 글을 읽는 중에 자기 생각이 끼어들면 그것을 덧입혀 더 좋은 문장을 만드는 힘이 생깁니다. 문학의 결이 느껴지는 좋은 동시들은 문학 감수성을 기르게 합니다. 재미있는 동시를 읽고 많은 이야기를 나눌수록 아이들은 동시의 엑기스를 빠르게 익힙니다.

윤제림 작가의 〈누가 더 섭섭했을까〉에는 양지꽃과 노랑제비꽃을 두고 벌어지는 재미있는 상황을 동시로 표현합니다. 한 소년이 똑같이 생긴 양지꽃과 노랑제비꽃에게 인사하지만, 똑같이 생긴 탓에 꽃의 이름을 잘못 부르는데요. 두 꽃 중 누가 더 섭섭했을지 묻는 시를 통해 아이들 간에 다양한 의견이 오고 갑니다.

이 시를 읽으면 자연스럽게 양지꽃과 노랑제비꽃이 궁금해집니다. 준비한 양지꽃과 노랑제비꽃 사진 자료를 보여 주죠. 색깔부터 생김새까지 거의 똑같이 생긴 양지꽃과 노랑제비꽃을 보면서 아이들은 시 속 꽃들의 마음에 얼른 이입합니다. 시를 다시 한번 감상한 후 아이들과 이야기를 나눕니다.

"얘들아, 너희는 양지꽃이 더 섭섭할 것 같니? 노랑제비꽃이 더 섭섭할 것 같니?"

골똘히 생각하던 아이들이 하나둘 대답합니다.

"저는 양지꽃이요. 자기 이름이 양지꽃인데 다른 이름을 말했으니까요."

"저는 노랑제비꽃이요. 자길 두고 양지꽃한테 인사했으니까요."

양지꽃과 노랑제비꽃의 심정을 이해하며 시에 완전히 빠져들고 있네요. 시상이 명확해지고 독자의 개입이 활발해집니다.

동시를 통해 다양한 이야기를 나누며 아이들은 즐거워합니다. 이게 제가 원하는 문학적 접근입니다. 아이들은 그 이후로 지나가는 들꽃이나 노란 꽃을 보면 이 동시를 생각합니다. 알아봐 주고 싶은 마음도 듭니다. 사물에 대한 사유가 저절로 생기는 것, 제가 원하는 문학적 사유와 감상의 기초입니다. 동시는 그 사유를 꽃피우는 활동에 제격입니다.

두 번째로 아이들과 새 학기가 되면 꼭 나누는 문현식 시인의 〈우정〉입니다. 수업 시간에 바지에 똥을 싸버린 한 친구, 주위에서는 냄새도 나고 똥 싼 걸 확실히 알지만, 말하지 않고 부러 다른 이야기만 하는 것으로 친구는 우정을 드러내죠. 시 안에서 친구를 위한 깊은 배려를 발견할 수 있을지 살피며 아이들과 이야기 나눕니다.

"친구가 분명히 똥을 싼 걸 알았는데도 왜 이야기를 안 했을까?"

아이들이 대답합니다.

"친구가 창피할까 봐요."

"도와줄까? 물어도 되는데 왜 아무 말 안 하고 다른 이야기만 했을까?"

"옆으로 걸었다는 건 똥을 숨기고 싶었을 테니까, 그 마음을 이해해 준 게 아닐까요?"

"그러네. 그래서 이 동시 제목이 〈우정〉인가 보다."

"아, 그래서 우정이구나. 왜 우정일까 생각했거든요."

똥을 싼 친구를 못 본 척해 주는 배려를 〈우정〉이란 제목으로 나타낸 시인의 마음을 헤아리면서 그 감정과 상황을 되짚어 봅니다. 내가 시의 주인공이 되었다면 그럴 수 있을까? 하는 사유가 자연스럽게 떠오르며 시에 녹아듭니다. 아이에게 동시와 질문을 주면 수많은 해석과 함께 문학과 하나 되는 경험을 하곤 합니다. 교실에서 아이들과 동시를 보고 대화를 나눌 때, 문학이 주는 위로와 감동이 무엇인지 느낍니다. 이렇게 동시는 우리 내면의 어린아이들을 투명하게 비춰 주기도 합니다.

다음은 모두가 사랑하는 안도현의 시 한 편을 골랐습니다. 특히 가을에 어울리는 시인데요, 계절에 맞는 시는 당시의 배경을 더 깊이 이해하고 우리의 일상을 특별히 통과하게 돕습니다. 어렵다고 생각하는 시도 계절에 맞게, 상황에 맞게 나누면 아이들은 자기만의 독특한 감상을 내거나 시인이 생각한 의미를 어른보다 더 빨리 발견하기도 합니다. 〈가을 엽서〉라는 시를 아이들에게 보여 줍니다. 가을 저녁의 낙엽을 보며 사랑이 왜 낮은 곳에 있는지 묻는, 조금은 어려울 수 있는 시에 아이들은 어떤 대답을 할까요?

"떨어지는 나뭇잎을 보고 시인은 왜 사랑이 낮은 곳에 있다고 생각했을까?"

"땅이 차가울까 봐 나무가 잎을 떨어뜨려서 땅을 덮어 주잖아요. 사랑하니까 걱정하는 거 같아요."

준희의 이야기에 몸이 어는 기분입니다. 시를 읽고 사랑에 대한 이해를 보여 준 준희의 문학 감수성에 감동할 수밖에요.

아이들은 어렵다고 생각하는 시일지라도 의미를 찾으려 노력합니다. 그리고 시를 이해하기 위해 머릿속으로 생생하게 상상합니다. 나뭇잎이 떨어지는 가을날의 한 장면을 그리면서 시가 온전히 몸으로 들어오는 것을 경험합니다.

가을날 준희는 이 시를 떠올릴 것입니다. 사랑이 낮은 곳에 있다는 시인의 말을 기억하는 준희가 앞으로 얼마나 더 멋진 생각과 글을 쓸지 궁금해집니다.

시는 촉촉한 감수성의 토양을 만듭니다. 채소의 달콤한 즙처럼 문학의 정수가 바로 시입니다. 아이에게 시를 읽어 주세요. 낭송하고 외우고 기억할 수 있게, 시의 배경을 상상하고 시의 주제를 생각하게 도와주세요. 시 한 편을 뽑아 냉장고와 식탁에 붙이고 큰 소리로 읽어 주세요. 좋은 시에 좋은 질문을 덧입혀 주세요. 문학 감수성이 넘실거리며 세상 만물에서 아름다움을 찾는 아이로 성장할 수 있습니다.

(**동시 제대로 읽는 핵심 키워드!**)

1 아이들이 좋아할 만한 시를 준비한다.
2 시를 읽고 질문한다.
3 시의 의미를 찾고 해석한다.
4 마음에 드는 시는 냉장고에 붙여놓고 읽거나 외운다.

> 글을 쓰는 것은 블록을 조립하듯 문자와 기호, 감정과 생각을 조립하는 과정이라고 아이들에게 알려 줍니다. 작고 큰 블록들을 조립해서 하나의 결과물을 만들어 내듯 내가 알고 있는 문자와 감정, 생각을 재료 삼아 창의성을 접목해 만들어 낸 문장들은 아름답습니다.

STEP 02

아이의 생각이 담긴
글쓰기를 해요

° 인물을 동물이나 사물로 **바꿔요**

 아이들과 많이 하는 수업 중 하나가 인물을 설정해 동물이나 사물로 바꾸는 활동입니다. 이는 비유적 표현을 익히는 데 큰 도움을 주는데요. 다만 활동 전 주의 사항으로 상대방이 불쾌할 수 있는 비유, 놀리거나 조롱하는 비유는 옳지 않다는 것을 꼭 인지시킵니다.

 인물을 동물이나 사물로 바꾸는 비유적 글쓰기는 어떻게 하는 걸까요? '○○는 ○○다.'로 첫 문장을 쓰게 하는 것입니다. 한 인물을 정하고 다른 무엇으로 표현한다면 어떻게 바꿔 표현할 수 있을지 질문하는 것이죠.

 한 예로 3학년 지율이에게 한 사람을 동물로 바꿔 보자고 하니 '엄마는 사슴이다.'라고 비유했지요. 지율이에게 질문합니다.

 "왜 엄마가 사슴이라고 한 건지 궁금해진다. 설명해 줄래?"

 3학년 지율이는 왜 엄마를 사슴이라고 표현했는지 적기 시작합니다. 이때 중요한 것은 지율이가 비유적으로 표현한 '엄마는 사슴이다.'라는 첫 문장을 맨 앞에 적는 것입니다. 그리고 '왜냐하면'은 빼고 글을 쓰게 합니다.

> 엄마는 사슴이다.
> 우리 엄마는 드라마를 보면서 운다. 사슴의 눈은 꼭 우는 것 같은데 우리 엄마의 눈도 사슴 같아서 엄마는 사슴이다.

첫 문장에 간단한 비유적 표현을, 이후 '왜냐하면~ 때문이다.'라는 진부한 형식을 빼고 이유를 적을 수 있게 지도하니 아이가 이렇게 근사한 글을 씁니다. 한 편의 시 같은 느낌도 듭니다. 비유적 표현이 한 대상을 아름답게 묘사할 수 있는 훌륭한 장치가 되어 준 것입니다. 사물, 자연, 계절로도 비유할 수 있습니다.

> 아빠는 지우개다.
> 우리 아빠가 청소하면 집이 깨끗해진다. 더러운 곳을 금방 지우고 치우는 우리 아빠는 지우개다.

2학년 민성이의 지우개 표현은 오래도록 제 마음에 남습니다. 청소를 열심히 하는 아빠를 지우개에 비유하다니, 가정에서 민성이 아버님이 얼마나 깨끗하고 부지런하게 집안을 가꾸고 청소하는지 그림이 그려지면서 마음에 더 깊이 와닿네요.

이런 훈련은 비유적 표현을 인물과 일상에 활용할 수 있는 힘을 기릅니다. 사물과 동물을 보면서 인물을 떠올리고, 또 인물을 보면서 사물과 동물, 자연과 계절을 떠올리니 글쓰기 감성 훈련이 될 것입니다. 아이들이 무언가를 보고 단순한 생각에서 그치는 것이 아닌, 기발한 아이디어와 상상력이 돋보이는 표현으로 이어질 수 있게 비유적 첫 문장을 열어 주세요. 풍성한 글감, 아름다운 문학적 감수성의 토대가 되어 줄 겁니다.

 QR 코드를 찍으면 아이와 함께할 수 있는 활동지를 다운로드 받을 수 있어요.

가족과 함께
단어 이어 붙이기 놀이해요

　　카피라이터는 광고나 슬로건, 대사, 상품 기획 등에 필요한 문구를 기획하고 제작하는 사람을 의미합니다. 한 줄의 짧은 글로 정확하고 효과적인 정보를 제공할 수 있게 만든다는 것은 창의성이 필요한 작업입니다. 사람들의 기억에 남고 눈에 띄는 한 문장은 엄청난 광고 기능을 하죠. 이런 카피를 만드는 카피라이터가 일을 할 때 많이 활용하는 방법 중 하나가 이어지지 않는 뜬금없는 단어들을 엮어 기발한 문장을 만드는 것이라고 하네요.

　　서재에 꽂혀 있는 책 제목을 쭉 본다든지 홍보나 기획에 사용할 단어들을 마구잡이로 섞어 나열하는 방법으로 기발하고 독특한 카피를 만들 아이디어를 얻는다고 합니다. 이 방법에서 착안해 아이 수업에서도 활용했는데요. 무작위로 단어를 제공하고 자신만의 문장을 만드는 활동입니다. 결과는 매우 효과적입니다. 아이들이 단어를 연결하고 배치하면서 놀라운 상상력을 발휘해 자신만의 기발하고 재미있는 카피를 만든 것이죠.

단어 이어 붙여 **멋진** 글 만들기

 QR 코드를 찍으면 아이와 함께할 수 있는 활동지를 다운로드 받을 수 있어요.

제비뽑기

① 가족 구성원이 각각 6개의 쪽지를 나눠 갖습니다.
② 네 장엔 사물이나 동물, 인물의 명사, 두 장엔 동사를 적습니다.

> **명사** 가방, 기린, 그릇, 의자
> **동사** 그렸다, 싸웠다

③ 쪽지들을 접어 바구니에 담아 섞고 한 사람이 세 장을 뽑습니다.
④ 뽑은 사람은 종이에 적힌 세 가지의 단어를 이어 붙입니다.

> **뽑은 종이** 기린, 의자, 싸웠다
> **이어 붙이기** 목이 긴 기린이 집에 들어오려고 안간힘을 쓰며 괴로워하고 있었다. 현관문에 목이 걸려서 괴로워하는 기린을 위해 의자를 가지고 와서 올라타 목을 잡고 내려 주었다. 현관문과 기린 목과 나, 셋이 열심히 싸운 끝에 우리가 이겼다. 기린은 무사히 우리 집에 들어올 수 있었다.

이어지지 않는 세 개의 단어를 창의적으로 조립해 하나의 재미있는 글을 만드는 게임입니다.

내가 판매하고 싶은 물건의 카피 만들기

① 내가 판매하고 싶은 물건을 정합니다.

내가 판매하고 싶은 물건 지우개

② 한 줄의 카피를 무엇으로 쓸지 정합니다.

판매 카피 전날 써 둔 짝사랑 편지, 흔적 없이 지우다.

내가 팔고 싶은 물건을 위한 광고물을 만든다면 어떤 한 줄의 카피 혹은 슬로건으로 판매할 것인지 고민합니다. 기발하고 재미있는 문장으로 사람들에게 판매 상품을 전달합니다.

릴레이 쓰기

① 양육자가 키워드를 정합니다.

양육자가 정해 준 키워드 리본, 달, 빠르다, 아름답다

② 키워드를 보고 순서대로 글을 써 한 편의 이야기로 이어지게 합니다.

친구1 키워드 '리본' 자고 일어났는데 선물이 있었다. 내가 좋아하는 분홍색 리본이 달려 있었다. 부모님이 놔두고 가신 건지 궁금했다.

| 친구2
키워드 '달' | 분홍색 리본을 풀어 선물을 열어 보니 환한 달이 들어 있었다. 달은 만져지지 않고 환하게 빛나고 있었다. |

| 친구3
키워드 '빠르다' | 환한 달에 넋을 놓고 만지려고 해도 만져지지 않는 달을 바라보고 있는데 갑자기 달이 빠르게 하늘로 떠올랐다. |

| 친구4
키워드 '아름답다' | 하늘로 떠오른 달은 금방 자리를 잡고 빛났다. 아름다웠다. |

양육자가 키워드를 마구잡이로 정해 주고 이어서 한 줄씩 쓰며 자연스럽게 흐름과 맥락이 이어지는 한편의 글을 만드는 것입니다. 이야기가 갑자기 끊기거나 달라지지 않게 유의해야 하는 게임으로 많은 생각과 창의성을 요합니다. 가족이나 친구들과 함께하며 서로서로 문장을 존중하고 호응을 늘립니다.

˚책과 **다른 결말**을 만들어요

 책을 읽다 보면 내가 원하는 방향의 결말이나 이야기가 아닐 때가 있습니다. '이렇게 끝났으면 좋았을 텐데.' 하는 아쉬움이 들거나 결말 이후의 모습을 상상하는 이야기도 있죠. 그 상상을 붙잡아 글로 쓰는 작업은 독서의 확장이자 글쓰기 연습을 할 수 있는 좋은 주제입니다. 그뿐만 아니라 책에 대해 더 풍성하게 이야기할 수 있죠. 마음에 드는 결말이었다면 그 결말 이후의 이야기를 상상하는 것도 좋은 글쓰기 재료가 됩니다.

 저자가 낸 결말을 바꿔서 내가 새로운 결말을 지어 보고, 등장인물이나 이야기를 조금 다르게 구성하는 방식은 독서 교실에서 많이 사용하는 글쓰기 사례입니다. 이야기 재료가 이미 책으로 풍성하게 주어져 있고 아이들도 등장인물의 성격이나 배경, 상황에 대한 이입이 끝난 상태이기 때문에 처음부터 새로운 글쓰기를 하는 것보다 훨씬 수월하게 접근합니다.

 등장인물과의 유대와 교감이 생긴 시점에서 글쓰기를 하면 감정적

전개가 자연스럽고 글의 흐름도 재미있습니다. 아이들 각자의 독특한 삶의 방식과 성격이 글마다 재연되는 재미도 쏠쏠하죠. 결말 바꾸기를 하는 순간 새로운 세계를 창작하는 권위가 생기고 아이들은 큰 흥미를 느낍니다.

이야기를 바꾸는 글쓰기

 QR 코드를 찍으면 아이와 함께할 수 있는 활동지를 다운로드 받을 수 있어요.

주인공이 되어 글쓰기

책에 등장하는 인물을 나로 바꾸고 펼쳐질 상황을 글로 써 봅니다. 이전에는 등장인물의 상황을 그대로 이해했다면, 여기선 내가 주인공이 되어 내 방식대로 주인공이 겪는 상황을 다르게 헤쳐 나가 보는 글쓰기입니다.

> **예**
>
> ### 《걱정 세탁소》 주인공 되어 보기
>
> 《걱정 세탁소》 홍민정 글, 김도아 그림/좋은책아이/2022
>
> **《걱정 세탁소》 주인공과 나의 차이점은?**
> 걱정 세탁소의 주인공 재은이는 걱정이 많지만 나는 걱정이 많지 않다.
>
> **내가 《걱정 세탁소》 주인공이 된다면 전개는 어떻게 달라질까?**
> 재은이는 모든 부분에 걱정이 너무 많지만 나는 아니다. 나는 큰 걱정이 없다. 학교 가기 전이면 걱정보단 설렘이 먼저고, 아파트 놀이터에서 만나기로 한 약속을 친구가 잊어버려도 상관없다. 그에 따라서 나는 재미있게 놀면 되니까. 그러다가 나에게도 걱정 세탁소가 보인다면 나는 어떤 걱정을 말하게 될까? 걱정은 없지만 생각해 봐야지. 저번에 허

리가 아프다던 엄마가 걱정이에요. 엄마 허리 안 아프게 해 주세요. 동생이 채소를 먹지 않아서 걱정이에요. 동생이 채소를 잘 먹게 해 주세요. 아빠가 운전할 때 졸릴까 봐 걱정이에요. 졸음이 달아나게 해 주세요. 나는 차라리 이런 걱정을 없앨 것 같다.

결말 바꾸기

마음에 들지 않는 결말을 내 마음대로 바꿔 봅니다. 해피 엔딩을 새드 엔딩으로, 새드 엔딩을 해피 엔딩으로, 열린 결말을 닫힌 결말로 혹은 결말 이후의 이야기를 마음껏 상상합니다.

예

《꽝 없는 뽑기 기계》 읽고 결말을 원하는 대로 바꾸기

《꽝 없는 뽑기 기계》 곽유진 글, 차상미 그림/비룡소/2020

바꾸고 싶은 결말

주인공인 희수는 불의의 사고로 부모님을 잃고 그 죄책감으로 힘든 생활을 하고 있다. 하지만 주변에 있는 희수의 친구들과 이웃들, 할머니, 할아버지가 희수를 지켜 주며 희수의 아픈 마음을 안아 준다. 그래도 내가 결말을 바꿀 수만 있다면 희수가 아프고 힘들지 않게 바꾸고 싶다. 희수 부모님이 돌아가시는 장면이 모두

바꾼 결말로 글쓰기	꿈이었으면 좋겠고, 희수는 꿈에서 깨어나 부모님을 더 사랑하고 소중하게 생각했으면 좋겠다. 희수가 눈을 떴을 때 다행히 부모님이 옆에 계셨어. "희수야 무서운 꿈 꿨니?" 희수는 안심했어. 그 모든 상황이 꿈이었다고 생각하니 말이야. 그리고 눈앞에 보이는 엄마 아빠를 꽉 안았어. "엄마 아빠, 제가 잘할게요." 희수는 자기도 모르게 눈물이 나왔어. 엄마 아빠가 옆에 있다고 생각하니 무엇이든 해낼 수 있을 것만 같았거든.

에피소드 바꾸기

책의 중반부에 나온 핵심 에피소드를 내 마음대로 바꾼다면 어떤 결말이 될까요? 핵심 에피소드를 바꾸고 결과까지 상상하여 글로 써 봅니다.

예

《화요일의 두꺼비》 읽고 주요 에피소드 바꾸기

《화요일의 두꺼비》 러셀 에릭슨 글, 김종도 그림/사계절/2014

바꾸고 싶은 주요 에피소드	동생 워턴이 딱정벌레 쿠키를 고모에게 드리겠다고 집을 나서지 않았다면 어떤 겨울을 보내게 되었을까?

바꾼 에피소드로 글쓰기

워턴은 호기심이 많고 모험적이다. 고모에게 딱정벌레 쿠키를 가져다 드리고 싶었지만, 밖은 너무 춥고 천적이 많아 위험하다. 게다가 형인 모턴이 한겨울에 위험한 집 밖을 나가는 것을 말리는 상황에 형의 말을 어기고 나갔다가 사고를 당하면 형은 어떻게 살아갈까? 마음 같아선 당장 나가고 싶지만 어쩔 수 없이 워턴은 딱정벌레 쿠키를 가져다 드리는 걸 포기한다. 대신 집에서 겨울 동안 고모를 위한 목도리를 만들기 시작한다. 목도리를 예쁘게 만들어서 따뜻해지는 봄이 오면 모턴 형과 함께 도시락을 만들어 배달을 갈 생각으로 말이다. 목도리를 열심히 만들고 있는데 털실이 떨어졌다. 이 겨울이 끝나기 전에 털실을 사러 나가야 한다. 모턴 형은 허락해 줄까.

˚**나만의 동화책**을 만들어요

나만의 동화책 만들기는 유치원생부터 초등 전 학년이 할 수 있는 좋은 활동으로 창작의 동기가 되어 줍니다. 자신만의 창의적인 동화책을 만드는 것부터 책의 줄거리를 동화로 재구성해 요약을 배우는 방법으로도 활용하는데요. 나만의 동화책은 그림과 글을 내 마음대로 구성할 수 있으며 아이들이 직접 작가가 되어 스스로 책의 주인공으로 나서기도, 새로운 주인공을 내 마음대로 창조하기도 하는 아주 소중한 시간입니다.

나만의 동화책 만들기를 할 때 가장 좋은 방법은 아이가 만드는 것을 활동지로 그치지 않고 책으로 기능할 수 있도록 표지부터 내지까지 직접 구성하게끔 돕는 것입니다.

저는 탄탄한 종이에 그림과 글을 쓸 수 있는 표를 프린트해서 아이들이 자신의 동화를 정성스럽게 창작하도록 돕습니다. 6~10페이지 정도로 구성하고 표지와 내용을 링이나 스테이플러로 연결해 책의 기능을 할 수 있게 합니다. 그렇게 외관을 갖추어 소중히 보관할 수 있게 만들면 자신이 창작한 결과물을 특별하게 여길뿐만 아니라 작업 과정에도 더욱 정성을 기울입니다.

나만의 동화책 만들기

읽은 책을 동화로 재구성하기

책에서 이미 읽은 주인공과 줄거리를 활용해 요약한 후 동화책으로 탄생시키는 방법입니다. 6~8페이지의 그림책으로 만들 수 있게 합니다. 줄거리 요약은 물론이고, 아이가 상상한 주인공을 입체적으로 구상할 수 있어 재미있는 독후 활동으로 이어집니다.

좋아하는 캐릭터를 이야기 주인공으로 만들기

자신이 좋아하는 캐릭터를 주인공으로 세우고 모험기, 일상기, 여행기 등의 재미있는 동화 한 편으로 만들 수 있게 돕습니다. 페이지는 최소 6페이지에서 많게는 10페이지까지 직접 구성해 그림을 그리고 적을 수 있게 합니다. 표지, 제목, 내용 구성, 스케치, 이야기, 그림, 색칠까지 스스로 하면서 아이는 자신이 만든 이야기를 사랑하고 즐거움을 느낍니다. 완성 후 책의 모양새를 갖추도록 양육자가 잘 엮어 줍니다.

좋아하는 책의 시리즈 만들기

좋아하는 동화책의 후속작을 만드는 활동입니다. 예를 들어 백희나 작가의 《알사탕(백희나/책읽는곰/2017)》의 마지막 장면에서 주인공이 알사탕을 먹고 친구에게 "나랑 같이 놀래?"라고 물은 이후의 장면들을 상상해 아이가 직접 동화를 이어 그리고 창작합니다. 자신이 읽은 동화책이 특별해지고, 창작한 이야기에 의미를 얻을 수 있습니다.

○ 잘못된 어휘는
일상에서 점검해요

아이들이 자주 쓰는 말이 있습니다.

"극혐"

"진지충이냐?"

극혐은 극단적으로 혐오한다는 말이고 진지충은 진지한 발언을 하는 사람에게 벌레를 의미하는 충을 붙여 비하하는 말입니다.

표현을 자유롭게 하라고, 자유롭게 글을 쓰라고 강조하지만 이런 어휘 앞에서는 제 마음이 자유로워질 수 없습니다. 아이들이 습관처럼 내뱉는 어휘들은 사실 특정 대상을 혐오하고 차별하는 어휘이자 본인 스스로를 혐오 대상으로 만드는 어휘이기 때문입니다. 그래서 어른들의 지도와 검열이 반드시 필요합니다.

친구들이 사용하는 언어라고 해서 검열 없이 모든 언어를 따라 사용한다면 나도 모르게 차별을 일삼는 사람이 될 수 있음을 기억해야 합니다. 언어 습관은 자신의 선택입니다. 선택이라는 자유에는 책임이라는 경각심이 꼭 함께해야 합니다. 내 생각과 언어로 인한 피해자가 없는지 끊임없이 되물어야 합니다.

아이에게 다소 불편하고 어려운 내용이지만 이 내용을 양육자가 모르는 순간 아이는 차별과 혐오의 언어를 일삼으며 문제의식 없이 그대로 입에 달고 삽니다. 사실 가장 많은 혐오와 차별을 받는 대상이 아이입니다. '나이가 어리다'는 이유로 숱한 차별을 당하면서도 그것이 차별인지 인식하지 못하는 아이들을 위해서라도 양육자들이 차별적 어휘를 분별하고 바로 잡아야 합니다.

아이가 사람에게 충을 넣어 비하하고 혐오한다면, 그 누구도 내 맘대로 혐오하고 차별할 수 없다는 것을 경각시키고 알려 주어야 합니다. 그뿐만 아니라 일상적인 어휘에도 미처 인식하지 못한 차별이 많음을 깨달아야 하죠.

의사에겐 '선생님'이라 칭하고 경비에겐 '아저씨'라 칭하는 것은 직업으로 우위를 가르는 전형적인 차별입니다. 벙어리장갑은 언어 장애인을 비하하는 말이므로 '손모아장갑'으로 불러야 합니다. 유모차의 '모'는 엄마라는 뜻이며 아이가 타는 차를 엄마가 끈다는 편견이 담겨 있기 때문에 아이가 타는 차라는 뜻의 '유아차'가 올바른 표현이란 것도 가르쳐야겠죠.

급식충은 급식 뒤에 벌레의 충을 붙여 급식을 먹는 연령대의 학생들을 혐오하는 표현입니다. 주린이, 요린이처럼 이제 막 무언가를 시작한 사람들에게 어린이의 '린이'를 붙여 쓰는 유행은 어린이를 무엇이든 미숙하고 잘 못하는 존재로 느끼게 만듭니다. 식폭행은 성폭행을 유희한 말이라는 것, 암 걸렸다, 선택 장애 등 아픈 사람이나 장애가 있는 사람에게 상처가 될 수 있는 어휘 역시 가릴 수 있게 교육해야 합니다.

친할머니는 '친할 친'자를, 외할머니는 '바깥 외'자를 사용하는 것은 아빠는 가깝고 엄마는 멀다는 의미를 담은 성차별적 어휘입니다. 모두 '할머니'라는 표현으로 바뀌었지만 아직도 이 표현을 자연스럽게 쓰는 어른들이 많습니다. '친', '외' 대신 양가 할머니가 사는 지역 이름을 넣거나 부계 할머니, 모계 할머니로 표현합니다. 맛있는 음식에 중독된다는 의미로 마약 김밥, 마약 떡볶이라는 수식을 붙이는 것도 주의합니다. 불법행위를 일상적으로 섞어 쓰면서 친근하게 만드는 어휘를 경계합니다. 우리가 쓰는 어휘에 어떤 의미가 있는지 알면 언어 앞에 무작정 자유로워질 수 없습니다.

대한민국에 살며 인종차별에서 자유롭다가도 타국에 나가면 동양인 비하 앞에 꼼짝없이 혐오 대상이 되어 버리죠. 누구나 혐오 대상이 될 수 있고 그것은 누구에게든 옳지 않은 일입니다.

불편해도 우리가 쓰는 말과 글 앞에서 자꾸 돌아보고 생각해야 하는 이유, 누군가를 차별하지 않는 방법, 자신을 지킬 줄 아는 방법입니다. 양육자들이 이런 것을 알고 사용하면 아이들이 쓰는 어휘도 바로잡을 수 있습니다. 차별을 인식하고 어휘를 잘 살피는 아이가 더 좋은 세대를 만들어 나갈 것이라 믿습니다.

언어의 품격을 드높이고 존중하는 어휘를 꼭 가르쳐 주세요. 아이들도 그 언어를 배우고 실천하고 싶어합니다.

STEP
03

아이의 마음이 담긴
글쓰기를 해요

편지쓰기,
나의 문체를 찾아요

아이들도 저마다의 문체를 가지고 있습니다. 문체는 자신의 말투나 생활 습관, 가치관, 성향에 따라 조금씩 달라집니다. 사람마다 어투가 다르듯 글에도 각자의 색깔이 담기기 마련입니다. 하지만 대부분의 아이는 자신의 말투와 거리가 먼, 쉽고 보편적인 문장을 가지고 지극히 형식적인 글을 씁니다. 아직 문장과 어휘 습득량이 적어 활용할 수 있는 범위가 좁기도 하고, 학교나 양육자의 기준이 되는 글을 써 버릇하니 통상적인 문장으로 일관되는 것이죠.

창의적인 글은 본인의 문체가 잡힐수록 아름다워집니다. 책의 문체가 좋아서 그 저자의 팬이 되는 경우도 허다하죠. 문체란 그 사람이 가지고 있는 말투가 글로 두드러질 때 나오는 특유의 색깔입니다. 편지쓰기는 자신이 가진 고유의 문체를 찾기 위한 좋은 방법입니다. 편지는 대상이 명확하고 그 대상과 감정을 주고받기 좋은 형식입니다. 대상에게 말하듯이 쓰므로 평소 본인이 가진 생각이나 말투가 굳어지지 않고 유연하게 묻어납니다. 수신인을 향한 마음과 감정이 자연스레 글에 실리기에 생각을 단순히 서술하는 문장이 아닌, 전달하고 표현하는 문장을 쓰게 됩니다. 그러면서 본인의 색깔도 투영되는 것이죠. 이것이 문체입니다.

교실에서도 독후감보다 주인공이나 등장인물을 향한 편지쓰기 활동을 더 많이 하는데 이런 이유 때문입니다. 문체가 살아나고 글에 생명력이 돋아납니다. 성격과 성향이 명징하게 드러납니다. 독후감 활동은 책을 읽은 후 줄거리를 어떻게든 끄집어내 쓰느라 경직되기 마련입니다. 줄을 채우기 위해 힘을 쓰니 흥미를 빼앗기곤 하지만 편지쓰기 활동은 주인공의 삶에 대한 생각을 솔직하게, 자신만의 색깔로 전달할 수 있고, 본인이 가지고 있는 가장 자연스러운 문체를 본능적으로 선택함으로 글이 좋아집니다. 편지쓰기를 많이 하면 문체가 더 다듬어질 뿐 아니라 단기간에 글쓰기 실력의 기초를 쌓을 수 있습니다.

편지쓰기의 대상은 가족, 친구의 영역에서 점차 확대합니다. 학교에서 만난 선생님, 자주 가는 단골 가게 사장님, 매일 만나는 녹색 어머니회 도우미 선생님 등으로 발전하다가 교장 선생님이나 대통령으로 의미를 넓히면 대상을 보는 아이의 시각 역시 넓어집니다.

아이에게 편지 쓸 대상을 찾고, 자꾸 편지를 쓸 수 있게 도와주세요. 자신만의 문체가 쌓이면서 글의 취향도 확고해집니다. 편지를 쓰기 어려워한다면 구체적인 예시문을 많이 읽게 하는 것도 도움이 되고, 다른 글들과 마찬가지로 첫 문장을 쓸 수 있는 흥미로운 주제를 제시하는 것도 좋은 방법입니다.

아이들이 쓰기 좋은 **편지 주제**

 QR 코드를 찍으면 아이와 함께할 수 있는 활동지를 다운로드 받을 수 있어요.

1 누구야 안녕? 보다는 나의 하루 중에 알려 주고 싶은 작은 내용을 먼저 쓰기

예 민찬아, 갑자기 날씨가 추워졌어. 엄마가 보리차를 끓여 주셨는데 너무 뜨거워서 입이 다 데어 버렸어. 그래도 따뜻한 거 많이 마시면 목에 좋다고 해. 민찬이 너도 물 많이 마셔.

2 상대에게 궁금한 안부를 먼저 알려 주기

예 우리 학교는 방학이 시작됐어. 방학이 시작돼서 돌봄교실에 다니는데 돌봄교실은 급식이 나오질 않아서 도시락을 싸서 다녀. 도시락 반찬은 매일 달라. 소시지 반찬, 김치볶음밥, 카레 라이스. 매일 다른 도시락 먹는 게 너무 재밌어.

3 상대방에게 궁금한 점 적기

예 민찬이 네가 다쳤을 때 걱정됐어. 많이 아팠어? 울진 않았어? 나라면 울었을 거 같아.

4 다음에 만나면 하고 싶은 것 적기

예 다음에 우리 만나면 네 컷 사진 찍자. 요즘 그거 유행이래. 탕후루도 먹자. 나는 딸기 탕후루 좋아해. 우리 같이 그거 먹고 사진 찍는 거 어때?

5 공통점 찾아 적기

예 민찬아, 너는 보라색을 좋아한댔지? 나도 보라색을 좋아해. 그래서 텔레토비에서도 보라돌이를 제일 좋아했어. 블루베리 스무디도 좋아해. 그런데 가지는 싫어. 혹시 너도 그래?

6 편지를 쓴 목적 적기

예 민찬아, 일주일 후에 내 생일이야. 이번 생일파티에 꼭 네가 참석해 주면 좋겠어.

7 나를 모르는 대상이라면 나에 대해 설명하기

예 민찬아, 나는 OO초등학교 O학년 O반이고 너랑 동갑이야. 책에서 너랑 동갑이라서 더 공감 가고, 네가 궁금하더라.

재이에게

재이야, 지난 추석에 보고 못 봤지?
엄마 하면 너희 가족이랑 같이 캠핑 가게 된다는
소식을 듣고 그날을 기다리고 있어.
그때 너랑 실뜨기도 하고 술래잡기도 할거야.
아빠한테 나무 사이에 해먹을 달라고 하자.

재이야, 우리 학교에선 곧 있으면 장기자랑을 해
나는 민속춤이랑 수어로 나가.
너희 학교도 장기자랑 해? 너는 뭘 할지 궁금하다.

다음에 우리 집에 한번 놀러와.
너 부루마불 할 줄 알아?
재이 너랑 같이 부루마불 하면 정말 재미있을 거 같아
너도 보드게임 좋아 한댔지?

곧 있으면 캠핑장에서 만나겠네. 날씨가 추워지니까
따뜻하게 입고 만나자. 그리고 마시멜로우도 구워먹자.
그때까지 아프지 말고 건강해. 그럼 안녕

2023년 10월 3일
　　　　　　　　　　　　　　　- 하랑이가

▲ 양육자가 제안한 방법으로 아이가 답변을 채워 완성한 편지

○ 추억이라는 재료로
기행문을 써요

'코어 메모리'라는 말을 들어 본 적이 있나요? 성인이 되어서도 잊히지 않고 살아가면서 힘이 되는 어린 시절의 중요한 기억을 말한다고 합니다. 어린 시절 하면 떠오르는 좋은 기억이 성인이 되어서까지 남아 있는 경험은 모두에게 있죠. 아빠와 함께 통기타를 치며 노래 불렀던 순간, 바닷가에서 가족과 폭죽을 터뜨렸던 장면, 엄마, 아빠가 내 양손을 잡고 높이 띄웠을 때 느낀 바람 등 유년의 추억은 성인이 되어서도 좋은 감정을 일으킵니다.

어린 시절 즐거웠던 경험과 추억을 소재로 쓰는 글은 기억을 더 선명하게 할 뿐 아니라 오래도록 자세히 기억할 수 있게 도와줍니다. 코어 메모리가 되는 것이죠. 또 아이들이 자신의 경험을 재료로 삼으니 편안하고 쉽게 쓸 수 있다는 장점도 있습니다. 특히 여행은 일상을 벗어난 특별하고 소중한 경험입니다. 여행하면서 보고 듣고 느낀 마음과 생각을 풀어 보면 글쓰기를 풍성하게 만들 재료들이 많습니다.

기행문 쓰는 법

QR 코드를 찍으면 아이와 함께할 수 있는 활동지를 다운로드 받을 수 있어요.

날짜와 날씨, 장소 자세히 쓰기

예

10월 23일 맑은 가을날이었다. 부모님과 동생과 함께 1박 2일 동안 우리가 사는 광주광역시에서 경북 경주로 여행을 가기로 했다.

여행 이유나 목적 쓰기

예

아빠가 연차를 쓰고 각종 문화유산이 많은 경주로 가서 우리나라의 역사와 유물들을 살피자고 했다. 그리고 저녁에는 아빠와 함께 시간을 보내고 맛있는 것도 많이 먹기로 했다.

여행 전 감정을 솔직하고 자세하게 쓰기

예

오랜만에 가족과 함께 집에서 먼 거리인 경주로 여행을 간다고 하니 전날부터 잠이 오질 않고 몹시 설레었다. 짐을 다 싸 두고 눈을 감아도 잠이 오지 않고 내일 어떨지 궁금하고 기대가 되었다.

여행 코스나 목적지, 경험 떠올려 쓰기

> 예
>
> 경주에 도착해서 가장 먼저 불국사에 갔다. 불국사는 토함산에 있는 절이다. 이 절 안에는 국보가 많다고 한다. 국보는 국가 보물이란 뜻이라는데 석가탑과 다보탑이 국보라고 했다. 돌이 왜 국가 보물일까 했는데 우리나라 역사를 안고 있는 유물이고 선조들의 정성으로 만들어진 예술품이라고 한다. 실제로 보니 멋지고 대단했다. 설명을 듣다 보니 신나고 신기했다.

여행 중 들었던 생각이나 느낀 점 쓰기

> 예
>
> 그동안 엄마, 아빠가 바빠서 이야기를 나누지 못했는데 엄마, 아빠와 이야기도 많이 나누고 맛있는 것도 먹고, 동생이랑 게임도 했다. 또 경주에 있는 소중한 우리나라 보물들을 보면서 감동도 받고, 지식도 얻고, 즐거운 시간을 보냈다. 세상에는 내가 모르는 것들이 많고, 공부를 많이 해서 소중한 것들을 아는 사람이 되고 싶다고 생각했다.

한 편의 글로 자연스럽게 엮기

< 답변을 이어 붙여 기행문 쓰기 >

10월 23일 맑은 가을날, 부모님과 동생과 함께 경주여행을 가게 되었다. 우리는 광주에 사는데 오랜만에 가족과 함께 먼 여행을 한다고 생각하니 전날부터 설레서 잠이오지 않았다. 짐을 싸두고 눈을 감아도 잠이 오지 않고 내일 어떨지 궁금하고 기대되었다.

중간 중간 휴게소에 들러 맛있는 걸 먹다보니 금방 경주에 도착했다. 경주에 도착 하자마자 우리는 가장먼저 불국사에 갔다. 불국사는 토함산에 있는 절이다. 이 절안에는 국보가 많다고한다고 한다. 국보는 국가 보물이란 뜻 아는데 석가탑과 다보탑이 국보 라고 했다. 돌이 왜 국가보물일까 했는데 우리나라 역사를 안고 있는 유물이고 선조들의 정성으로 만들어진 예술품 이라고 한다. 실제로 보니 멋지고 대단했다. 설명을 듣다보니 신나고 신기했고 사진으로만 직접보니 오래도록 잊지 못할 것 같았다.

▲ 아이가 글쓰기 제안을 활용해 쓴 기행문

ㅇ 좋은 글은
수정하며 만들어요

    수정하기 영역은 제가 글쓰기 수업에서 특히 강조하는 부분입니다. 바로 쓴 생생한 날것의 글도 물론 좋지만, 저는 수정하기를 적극적으로 권합니다. 읽기는 작가가 의도한 이야기를 감상하는 행위이기에 독자인 나의 생각을 책 속에 넣을 수 없다는 한계가 있습니다. 하지만 쓰기는 내가 원하는 대로, 유리하게 말을 배치할 수 있는 최고의 언어 수단입니다.

    글쓰기를 하면서 때로는 내 생각 틈에 있던 단어를 새롭게 발견하고, 썼던 문장에서 낯선 나의 일부를 발견하기도 합니다. 하지만 이 모든 감정을 독자가 똑같이 느끼는 것은 아닙니다. 어떤 글이든 저자의 의도대로 똑같이 느낄 독자는 드물겠지만, 수정은 조금 더 세심하게 문장과 단어들을 매만져 자신의 메시지에 큰 힘을 보태는 작업입니다.

    장황한 글보다 짧은 글에서 더 굵직한 감정을 느낀 경험은 모두에게 있습니다. 장황하더라도 말하려는 바가 제대로 전달되는 글 역시 문장의 호응이 잘 정돈된 글입니다. 저자가 많이 매만진 태가 나는 문장이 바로 가독성이 좋은 문장입니다. 문장과 문장 사이 널려 있는 단어, 부사, 접속사, 동사들은 수정을 거치면 확실히 좋아집니다. '다 썼다!'라는 쾌감도 중요하지만, 다 쓰고 나서 한 번 더 눈과 마음으로 훑으며 더 좋은 문장을 고려하고 다듬어 나가는 과정입니다. 수정하기는 주제를 벗어나지 않게 하고 더 좋은 문장을 계속해서 연습하게 합니다.

수정하기에 익숙한 아이는 글쓰기에 서두르는 법이 없습니다. 한 줄 한 줄 정성 들이는 것은 물론, 쓰고 나서도 차분하게 자신의 글을 읽으며 잘못 배치된 단어나 어색한 문장을 찾아 유연하게 바꾸어 다듬습니다. 그런 아이의 글이 좋지 않을 수 없습니다. 외출하기 전 마지막으로 거울을 보며 차림새를 단정히 하는 것처럼, 잔 부스럼이나 삐져나온 머리카락 등을 만지는 작은 습관처럼, 글쓰기에서 수정은 독자에게 글을 내기 전 마지막 단장과도 같습니다. 완벽한 글을 위한 것이 아니라 더 나은 글을 만드는 과정입니다. 내 글을 아끼는 마음, 나의 글을 존중하는 마음은 수정하면서 생겨납니다.

생각해 봅시다. 작은 단어가 주는 글의 변화, 어미에 따라 달라지는 글의 구조, 글의 형식에 따라 어떤 문장이 더 유리할지 고민하는 마음은 결국 글을 아끼는 마음이 되지 않을까 하고요. 자꾸만 내 글을 매만지면서 더 좋게 다듬고 싶다는 욕심을 가지게 되는 일, 내 손과 마음에서 피어난 한 줄 한 줄이 독자에게 닿길 바라는 마음은 기도와 같지 않을까요?

수정은 결국 내 글을 향한 사랑이 만드는 정성입니다. 아이들이 자신의 글에 대착과 정성을 들이면 좋겠습니다. 정성을 쏟은 글, 독자를 배려한 글, 여러 번의 수정을 거쳐 읽기에 최적화된 글의 맛을 아는 순간 수정은 습관이 되고 시간이 흐를수록 조금 더 좋은 문장의 배치와 글 읽기를 할 수 있게 됩니다.

  글쓰기의 완성은 수정이라는 것 꼭 기억하고 알려 주세요. 수정해서 나빠지는 글은 본 적이 없답니다.

  우리 학교에 지진이 났다는 가정하에 글을 쓴 4학년 친구의 글입니다. 실제 상황인 것처럼 몰입해 쓴 글이지만 중간중간 흐름이 어색한 부분, 말의 앞뒤가 이어지지 않는 부분, 호흡이 끊어지는 부분들이 보입니다. 이 글을 함께 이야기 나누며 수정했습니다.

수정 전

창의적인 글쓰기   독서 논술

뒷 이야기 상상하여 쓰기   이름: 이서연

주제: 우리학교에 지진이 났다면?

평화로운 아침, 아침조회 시간에 친구들과 이야기를 나누고, 신나하던건 잠시, 친구들의 핸드폰에서 시끄럽게 경보음이 울렸다. 땅이 흔들리는 순간, 친구들은 위협감을 느꼈고 덩달아 깜짝, 무서워졌다. 선생님이 재빠르게 아이들을 줄을 세우고 간단하게 자게 책상 안래에 머리를 최대한 거리면서 이런 상황이래 진정 되었다. 대피해야 한다고 말씀하셨다. 친구들과 나는 이 상황이 진정되면 좋겠다는 마음으로 함께 책상에서 몸을 막았다. 다행히 상황은 금방 진정이 되는거 같았다. 그런데, 갑자기 경보음이 더 크게 울리면서, 땅이 더 크게 흔들리면서! 교실에 있던 욱리들이 "쿵쿵" 하며 떨어졌다. 친구들은 놀라서 눈물이 나왔고, 엄청 큰 지진이기 때문에 나가지도 못하고 넘어지는 친구들도 많았다.

친구들과 다시 책상에 들어가 몸을 막는게 답이었는데, 다 당황해서 그럴 생각도 하지 못하는게 같았다. 나는 그런 친구들을 보며 이렇게 말했다. "애들아 정신차려! 다시 책상으로 숨어!!" 친구들은 이 말을 듣고, 얼른 책상에 숨어야 겠다 생각하며 들어갔다. 다행히 이 지진은 20분 정도만 계속되었고, 다른 반, 학생들도 부상자는 나오지 않았다. 다행이라고 생각했으나 다시는 이런 상황이 일어나지 않았으면 좋겠다.

▲ 아이의 글 〈우리 학교에 지진이 났다면?〉

수정 후

평화로운 조회 시간이었다. 친구들과 이야기를 나누고 신나하던 건 잠시. 친구들의 핸드폰에서 시끄럽게 경보음이 울렸다. 동시에 울리는 경보음에 너도나도 할 것 없이 놀라 서로를 바라봤다.

경보음이 울림과 동시에 땅이 흔들리는 걸 느꼈다. 이건 지진이다. 친구들과 나는 위협감을 느꼈고 하나둘 소리를 지르자 나 역시 덩달아 겁이 나고 무서워졌다.

선생님이 재빠르게 아이들에게 말씀하셨다. 이 상황이 진정될 때 대피해야 한다고. 일단은 자기 책상 아래로 들어가 머리를 최대한 보호하면서 숨어 있자고.

친구들과 나는 이 상황이 진정되면 좋겠다는 마음으로 함께 책상에 들어가 머리를 보호하고 몸을 숨겼다. 다행히 상황은 금방 진정이 되는 것 같았다.

그런데 갑자기 학교 내부에서 경보음이 더 크게 울리기 시작했다. 그러곤 아까보다 더 세게 땅이 흔들렸다. 교실에 있던 물건들이 모두 "쾅쾅" 소리를 내며 떨어졌다.

친구들과 나는 놀라서 눈물이 저절로 나왔고, 엄청 큰 지진으로 건물 밖으로 나가지도 못하고 두려움에 떨었다. 대피하려고 일어났다가 넘어지는 친구들도 있었다.

이 순간에는 지진이 멈출 때까지 책상 밑에 들어가 있는 것만이 답인데 친구들이 당황스러운 마음에 상황 판단을 잘하지 못하는 거 같았다. 나는 그런 친구들을 보며 이렇게 소리쳤다.

"얘들아! 정신 차려! 다시 책상 안으로 숨어!"

친구들은 나의 목소리를 듣더니 얼른 책상 밑으로 들어갔다. 다행히 이 지진은 20분 정도만 반복되었고, 다른 반 학생들까지 포함해 큰 부상자는 나오지 않았다. 무사히 모두가 빠져나왔다. 정말 무섭고 두려웠지만 다친 학생이 없어 다행이라고 생각했다. 다시는 이런 상황이 반복되지 않았으면 좋겠다.

°긴 글보다
배려가 돋보이는 글이 중요해요

"다른 집 아무개는 한번 쓰면 길게 쓰는데 우리 애는 너무 두세 줄 써 놓고 벌써 다 썼대요."

긴 글이 좋은 글이라는 생각은 양육자 대부분이 가지고 있습니다. 아이가 쓴 글을 보고 열 줄이냐 한 줄이냐를 따지고 긴 글을 추켜세우죠. 나는 안 그래야지 하면서도 막상 아이가 글을 가지고 왔을 때 양이 많으면 "와, 많이 썼네." 하고 좋아합니다. 글의 내용이나 가독성을 따지는 것보다 글의 양이 많은지 적은지를 두고 글쓰기 능력을 판단하는 오류를 범합니다. 긴 글이 무조건 좋다는 편견은 아이들의 글쓰기를 위축시킵니다.

좋은 글의 기준은 많지만 간과하지 말아야 하는 것은, 글은 읽는 사람이 있다는 것입니다. 말하는 사람이 듣는 사람을 고려하지 않고 말하면 듣는 사람은 고역이 아닐 수 없듯이 글쓴이가 독자를 배려하지 않으면 그것은 글이 아닌 종잇조각에 불과합니다. 글은 독자를 생각하며 구조화해야 합니다. 읽는 사람을 배려하지 않는 글은 지루하고 장황하며 정리되지 않아 산만하기 마련입니다.

하고 싶은 말이 원고지 20매여도 독자가 지루할 수 있다는 생각으로, 짧게 추려 재미있는 글을 쓰려 노력하고 독자의 호흡을 배려하며 써야 합니다. 단락과 구조를 잡아가며 글을 쓰면 글은 점차 읽기 좋게, 매력적으로 탈바꿈합니다. 아이에게도 반드시 글에 독자가 있음을 명시하고, 자신의 기분만이 전부인 길고 장황한 글보다 읽는 사람의 입장을 헤아리는 글, 읽기가 편안하고 이해가 잘 되는 글을 쓸 수 있게 지도해야 합니다.

읽는 대상을 정확히 파악하고 글을 쓰게 하는 것도 좋은 방법입니다. 독자층을 선정하는 것이죠. 이 글을 같은 반 친구들이 읽는다든지 선생님이나 어른들에게 하고 싶은 말을 적는다든지 혹은 교장 선생님께 하고 싶은 말, 대통령께 보낼 편지 등 주제에서 독자를 정확히 명시하는 것도 도움이 되겠습니다.

내가 하고 싶은 말만 마구 늘어놓고 독자의 호흡을 고려하지 않는 글은 첫 줄부터 읽고 싶지 않습니다. 독자가 중간중간 끼어 호흡할 수 있는 글이 되도록 지도가 필요합니다.

잘 읽히는 글쓰기

 QR 코드를 찍으면 아이와 함께할 수 있는 활동지를 다운로드 받을 수 있어요.

독자 인식하기

아이들이 가장 많이 하는 실수가 나 외의 다른 독자가 있다는 것을 인식하지 못하고 나만 아는 내용으로 글쓰기를 한다는 것입니다. 모두가 자신의 가정 형태나 자신의 이야기를 알고 있다고 착각하고 설명을 생략한 채 당장의 일들만 쓰는 경우가 많죠. 이런 경우 독자는 황당합니다. 상황을 이해할 수 있는 앞 맥락이 생략된 채 갑자기 글이 전개되니 무슨 소리인지 이해하지 못하죠. 교실에서도 이런 경우를 많이 만납니다. 그럴 때는 아이들에게 '처음 보는 사람에게 설명한다고 생각하고 글을 쓰라'고 설명합니다. 아이는 처음 보는 사람이라는 가정만 주어져도 글을 세심하게 생각하며 씁니다. 처음엔 조금 장황하더라도 제대로 전달하는 글을 쓰려고 노력합니다.

1 독자 설정하기

이 글을 읽는 상대를 설정하게 돕습니다. 친구, 선생님, 부모님, 나를 모르는 또래 친구, 학교 선배 등 구체적인 설정을 통해 글을 읽는 독자를 설정하는 것이 도움이 됩니다.

> **예**
> - **주제** : 내가 읽은 책 소개하기
> - **독자층** : 같은 반 친구들
>
> 오늘은 내가 읽은 책을 너희에게 소개하려고 해. 내가 이 책을 처음 읽게 된 건 책 제목 때문이야. 내가 좋아하는 라면이 책 제목에 들어 있는 게 좋아서 라면에 대한 이야기는 뭘까 궁금했거든.

2 독자 입장에서 글 읽어 보기

글을 객관적으로 바라볼 수 있을 때 가독성 좋은 글을 쓰고 싶어집니다. 설명을 덧붙이기도 하고, 불필요한 말을 줄이기도 하며 좋은 글쓰기 방향을 찾을 수 있습니다.

수정하기

쓴 글을 간추릴 수 있도록 돕습니다. 조사가 너무 많이 나오거나 여러 번 반복한 문장을 빼고 나열된 글을 정리해 추릴 수 있게 합니다. 글을 추릴 때 주의할 점은 꼭 써야 할 핵심이 무엇인지를 계속 생각하며 정리해야 한다는 것입니다. 양육자가 옆에서 주제를 잃어버리거나 생략하지 않게 도와주고, 아이는 주제가 선명하게 드러나도록 수정합니다. 일필휘지의 영역은 글쓰기에 그리 유리하지 않습니다. 그 경험은 수많은 경험 중 일부일 뿐입니다. 자주 언급하지만 글은 수정을 거칠수록 좋아집니다.

1 주제를 명확히 드러내기

글을 통해 전하고 싶은 핵심이 무엇인지 파악하고 글에 잘 드러날 수 있도록 합니다.

> **예**
>
> 서은이가 왕꿈틀이를 나한테 줬다. 왕꿈틀이 왕을 나한테 주고 나머지는 서은이가 먹었다. 서은이는 나랑 친해지고 싶어서 그랬다고 했다. 나도 친구랑 친해지고 싶어서 왕을 주고 나머지는 내가 먹었다.

친구와 사귀는 멋진 방법을 쓴 은유 학생의 글 중 일부입니다. 글에서 은유가 하고 싶은 말이 무엇인지 물어보았고, 은유는 답했습니다. 왕꿈틀이라는 젤리에는 작은 젤리들 사이에 가장 큰 왕 젤리가 딱 하나 들어 있는데, 그 소중한 왕 젤리를 준 서은이의 행동이 자신에게 베푼 마음임을 깨달았다는 것이었습니다. 은유가 자세히 상황을 설명하자 이 글이 특별하게 느껴지더군요. 그래서 그 부분을 더 잘 설명하는 글을 쓸 수 있도록 도왔습니다. 다음은 수정 후의 글입니다.

> 왕꿈틀이라는 젤리 안에는 작은 꿈틀이들이 있고 제일 큰 딱 하나의 왕꿈틀이가 있다. 그 왕꿈틀이는 엄청 소중하고 귀한 거다. 서은이는 나에게 그 왕꿈틀이를 주고 자기는 작은 꿈틀이를 먹었다. 나랑 서은이는 가장 친한 친구가 되었다. 나도 그 뒤로 친해지고 싶은 친구가 생기면 왕꿈틀이에서 가장 큰 왕을 꺼내 친구에게 주고 나는 작은 꿈틀이를 먹었다. 친구를 사귀는 멋진 방법이다.

2 단락을 나누어 여백 만들기

단락은 독자가 잠시 서서 호흡하는 구간입니다. 독자가 생각할 공간을 주고, 글을 숨 가쁘게 읽다가도 한 템포 쉬어가는 그늘이 되어 줍니다. 호흡이 긴 글은 띄어쓰기나 쉼표, 단락을 사용해 여백을 만들면 읽는 이로 하여금 단락의 호흡이 가능해지면서 글 읽기가 편해지고 훨씬 더 좋은 글로 받아들여집니다.

> 예
>
> 평화롭게 시작하는 아침에 엄마는 화를 냈어. 내 방 정리가 되지 않았다고 화를 내는 걸 듣자마자 내 평화가 깨지는 기분이었어. 난 뭐든 시작이 중요하다고 생각하는 습관이 있어. 공부도 첫 시작이 중요하고, 일주일 중엔 월요일이 가장 중요하고, 하루 중엔 아침이 가장 중요하다고 생각하거든.

윗글에 쉼표와 단락을 사용해 여백을 만들어 봅니다.

> 예
>
> 평화롭게 시작하는 아침, 호흡할 구간 엄마는 화를 냈어. 내 방 정리가 되지 않았다고 화를 내는 걸 듣자마자 내 평화가 깨지는 기분이었어.
> 단락 떼서 호흡할 구간
> 난 뭐든 시작이 중요하다고 생각하는 습관이 있어. 공부도 첫 시작이 중요하고, 일주일 중엔 월요일이 가장 중요하고, 하루 중엔 아침이 가장 중요하다고 생각하거든.

3 반복되는 말을 찾아 없애기

비슷한 문장의 반복은 글을 지루하게 만들고 목적을 흐리게 만듭니다. 글의 양에 집착하기보다 과감히 삭제할 때 훨씬 깔끔하고 읽기 좋은 글을 만들 수 있습니다. 글을 생략하고 줄이는 것도 아이들에게 꼭 가르쳐 주어야 할 글쓰기 방법입니다.

> **예**
>
> 엄마가 떡 두 개를 주었는데 떡 두 개를 다 먹기가 힘들어서 한 개만 먹었다.

한 문장에 두 개라는 표현이 두 번 들어가 있습니다. 이중적인 표현이 반복되면 글이 지루해집니다. 다음은 수정 후의 문장입니다.

> 엄마가 떡 두 개를 주었는데 다 먹기가 힘들어서 한 개만 먹었다.

글쓰기는 양이 아닙니다. 글쓰기는 전달력입니다. 생각이 잘 전달되는 글, 창의적인 글, 공감이 가는 글, 잘 읽히는 글, 교훈이 있는 글, 생각이 잘 반영된 글 등으로 짧더라도 좋은 글을 쓸 수 있게 도와줍니다.

누리쌤이 추천하는
재미있는 글쓰기 주제 20

글쓰기를 어려워하는 아이들에겐 즐거운 주제를 줍니다. 아무리 글쓰기가 싫어도 쓰고 싶게 만드는 주제에는 일단 반응합니다. 쓸 내용이 없는데 무작정 강요하는 것보다 상상력을 불러일으키는 재미있는 주제, 요즘 유행에 관련된 주제를 주면 글쓰기 형식을 스스로 생각해 익힙니다. 뭘 쓸지 모르겠을 때, 상상만으로도 흥미로운 주제를 던져 주면 아이들은 금세 몰입해 글쓰기를 합니다. 서툴더라도 주제에 관한 글을 쓰려는 아이들을 힘껏 응원합니다. 아이의 한 줄 한 줄이 머리와 마음에서 세워진 인물이라 생각하면 감격스럽습니다.

현장에서 아이들을 지도하며 반응이 좋았던 글쓰기 주제를 소개합니다.

재미있는 글쓰기 주제

1. 나에게 100만 원이 생긴다면 당장 하고 싶은 일
2. 내가 살고 싶은 집
3. 크리에이터가 된다면 만들고 싶은 채널
4. 우리 학교에 좀비가 생겨 갇힌다면 어떻게 할까?
5. 내가 교장 선생님이 된다면 만들고 싶은 교칙
6. 장사를 시작한다면 당장 팔고 싶은 것
7. 학생 회장에 나간다면 걸고 싶은 공약
8. 친구와 여행을 떠날 수 있다면?
9. 친구와 친해지는 10가지 방법
10. 내 생일 파티를 준비한다면?
11. 내가 가족여행을 기획해서 떠나야 한다면?
12. 학교 축제를 연다면 부르고 싶은 사람은?
13. 지나가다 돌멩이 하나를 주웠는데 그것이 소원을 들어주는 유리구슬이라면?
14. 무인도에 가져갈 세 가지 물건
15. 내 인생에서 가장 창피했던 일
16. 눈을 떠보니 엄마와 몸이 바뀌었다면?
17. 우리 집 반려동물이 갑자기 말을 한다면?
18. 나에게 투명 망토가 생긴다면?
19. 다시 태어나면 무엇으로 태어나고 싶은가?
20. 어느 날 내가 신문 1면에 실린 이유는?

흥미로운 글쓰기 주제를 주면 생각나는 대로 자신의 이야기를 쭉 쓰는 친구들도 있겠지만, 긴 글을 엄두 내지 못하는 친구들도 있습니다. 그런 친구들에게 주제에 맞는 3~5개의 질문을 양육자가 미리 준비합니다. 글쓰기의 재료들을 준비할 시간을 주는 것이지요. 그럼 아이들은 조금 더 쉽게 글쓰기를 확장할 수 있습니다.

아이들이 주제와 질문을 받고 어떻게 답하며 글을 썼는지 활동 예시를 살펴볼까요?

> **예**
>
> ### <우리 학교에 좀비가 생긴다면>을 주제로 상상하여 글쓰기
>
> **질문 1** 좀비는 어떤 모습으로 어떤 상황에서 가장 처음 발견되었을까?
>
> 나른한 2교시였다. 수학 시간에 문제를 풀고 있는데 갑자기 한 친구가 코피를 흘리며 아파했다. 옆 짝꿍이 괜찮냐고 물어보았는데 갑자기 얼굴이 변하더니 친구의 목을 물었다.
>
> **질문 2** 좀비를 보고 내가 한 행동은?
>
> 너무 놀라서 벌벌 떨다가 소리를 지르며 교실 밖으로 뛰어나왔다. "모두 도망가!"라고 소리를 지른 후 단짝 친구의 손을 잡고 계속해서 뛰었다.
>
> **질문 3** 살아남은 친구들과 구조대가 올 때까지 어디에 피신해서 어떻게 지낼까?

돌봄교실로 향했다. 돌봄교실 문을 잠그고 불을 끈 후에 최대한 소리를 줄이고 돌봄교실에 있는 간식거리로 식량을 대신하면서 지낼 것이다. 휴대폰 배터리가 다 되기 전이라면 부모님께 연락해 상황을 알리고 119와 112에 신고해 도움을 요청할 것이다. 무섭지만 친구들과 의지하며 기다리다 보면 구조될 것이라고 믿는다.

질문 4 친구가 좀비가 되었다면?
친한 친구가 좀비로 변해 버렸을 때는 너무 슬프고 친구를 문 다른 친구에게 화가 날 것 같고 무서울 것 같다. 좀비로 변해 버린 친구 옆에 있어 줄 수는 없겠지만 친구가 고통받지 않길 기도하면서 눈물을 흘릴 것 같다.

질문 5 살아남아서 안전한 곳으로 이동하면 어떤 기분일까?
친한 친구 생각도 나서 슬프고, 구하지 못한 친구들이 생각나서 눈물도 나면서 보고 싶었던 가족들을 안전하게 만났다는 생각에 안도감도 들 것 같다. 좀비들이 퍼지는 세상에서 다시 살아가야 하는 공포가 클 것 같고 어떻게든 살아남고 싶어서 노력할 것이다.

양육자의 질문에 아이들은 구체적인 상상을 하면서 흥미롭게 답변을 합니다. 양육자는 아이들이 자신의 답변을 엮어 한 편의 글로 완성하는 연습을 반복할 수 있도록 합니다.

< 답변을 이어 붙여 주제 글쓰기 >

제목 : 우리 학교에 좀비가 생긴다면

우리 학교에 좀비가 생겼다. 나른한 2교시 수학시간 이었다. 머리를 쓰며 문제를 풀고있는데 갑자기 한 친구가 코피를 흘리며 아파 했다. 끙끙 아파하는 소리에 옆에 있던 짝꿍이 친구에게 물었다. "괜찮아?" 하고.

그때였다. 코피를 흘리던 친구는 얼굴색이 변하더니 짝꿍의 목을 물어뜯었다. 모두가 너무 놀라 벌벌 떨다가 내가 소리쳤다. "모두 도망가!" 나는 제일 친한 단짝 친구 미지의 손을 잡고 계속해서 뛰고 또 뛰었다.

우리는 돌봄교실로 향했다. 돌봄교실에는 돌봄선생님이 계셨고 선생님께 말씀드리고 앞 뒷문을 모두 잠갔다. 그리고는 불을 끄고 소리를 내지 않으려고 노력 했다. 돌봄교실에 있는 간식을 식량으로 두고 구조대가 올때까지 아껴먹으며 버티기를 계획했다. 휴대폰 배터리가 얼마남지 않았다. 119와 112에 신고하고, 부모님께 돌봄교실에 대피한 소식을 알렸다. 구조를 기다리며 무서운 마음에 눈물을 흘렸다. 무서웠지만 살아남아 이곳을 빠져나가야 한다. 심지어아까 울친구는 나와가장 친한 친구이다. 친한친구가 좀비로 물렸다니. 너무 무섭고 마음이 아프다. 왜 친구를 물었을까. 조금 원망스럽고 화도난다. 친구가 된교통스럽길

> < 답변을 이어 붙여 주제 글쓰기 >
>
> 제목 : 우리 학교에 좀비가 생긴다면
>
> 내려게된다.
> 드디어 헬기도 구조대가 왔고, 우리는 무사히 현장을 빠져
> 나와서 대피소로 향했다. 가족들을 만났지만 좀비로
> 변해버린 친구들을 생각하니 마음이 무거워 계속 해서
> 하염없이 눈물이 났다. 살아남았다는 안도감도
> 있었지만 친한 친구들을 볼수 없다는 생각과 공포에
> 잠이 오지 않았다. 하지만 아직 끝난게 아니다.
> 어떻게든 좀비로 변하지 않고 살아남아야한다.

▲ 자신이 쓴 글쓰기 재료를 엮어 한편의 글을 만들었다.

질문을 주고 답변을 적는 것에서 끝내지 않고 다섯 가지의 답변을 합해 하나의 글로 이어 붙이는 연습을 통해 유연하게 글을 고치고 자연스럽게 글의 전개와 흐름을 만드는 법을 깨우칩니다. 이 과정을 여러 번 반복하다 보면 나중엔 따로 질문을 주지 않더라도 스스로 글을 상상할 수 있는 질문을 던지고 그 질문에 답변하며 직접 재료를 만들어 하나의 글을 구성하고 완성할 수 있습니다.

("읽기와 쓰기는 아이에게도
어른에게도 큰 힘이 되어요")

 아이 독서 교육법을 책으로 쓰는 것이 위험하진 않을까. 과연 잘 전달할 수 있을까, 독서라는 순수하고 즐거운 행위를 교육 지침서로 제안하며 오히려 어렵고 거창한 영역으로 느끼게 만드는 것은 아닐까. 이 책을 쓰기 전 들었던 고민입니다. 어린이 문학이란 장르를 각별히 사랑하게 돼 독서 교실 운영을 시작했을 때, 책을 쓰는 사람도 책을 읽는 사람도 줄어들고 있다는 것을 피부로 느꼈습니다. 이는 우리 세대에게도 책임이 있습니다. 아이들이 미디어에 노출되기 전에 먼저 미디어에 중독된 모습을 보여 주었고, 독서의 즐거움을 알려 주기보다 학습으로 먼저 강요한 탓에 아이들은 책보다 더 자극적인 선택지로 쉽게 휩쓸려갔습니다. 하지만 고무적인 건 그럴수록 책의 중요성을 더 많은 이들이 깨달았다는 것입니다. 그래서 더욱 독서 시장에서 아이들을 만나고 도와야겠다고 생각했지요. 자신의 시간을 독서로 채울 수 있는 아이들이 결국 꾸준히 독서하는 어른이 된다고 생각하면 그렇게 보람찰 수 없었습니다.

    제가 책을 쓰기로 결심한 이유는 점차 읽기와 쓰기를 포기하는 시대에서 읽기와 쓰기를 지속해야 하는 이유를 알리고 싶었기 때문입니다. 대단히 특별하진 않지만, 어린이 독서 교실에서의 소중한 경험들, 교실에서 일어난 아이들의 작은 변화들, 책을 사랑하고 만나기 위한 활동들, 양육 과정에서 아이 독서에 대한 고민과 해결 방법들을 꼼꼼하게 소개하면서 아이들이 독서를 스스로 선택지에 두길 바라는 마음을 담았습니다. 책을 쓰는 동안 어려움도 많았지만 그동안 사용한 수업 자료와 상담 일지, 강연 내용을 돌아보며 다시 점검하고 실용서로 유용하게 읽힐 만한 글을 채우려 노력했습니다. 와닿을 수 있는 글을 쓰겠다고 다짐하면서요. 이 책을 통해 저 역시 한 뼘 더 성장한 기분입니다.

    어느덧 책을 마무리하는 날이 다가옵니다. 언제나 그랬듯 저의 책을 읽을 수 있기까지 기다리고 기꺼이 선택해 주신 독자분들께 감사드립니다. 또 제가 독서 교육 활동을 꾸준히 할 수 있도록 마음을 다해 지원해 준 남편, 엄마의 일을 응원하고 함께 책 읽는 친구가 되어 준 두 딸에게 진심으로 감사합니다. 그리고 독서 교실에서 저와 함께 책을 읽은 친구들과 가정의 고민을 저에게 공유하고, 제 이야기를 잘 들어주셨던 부모님과 양육자분들 덕에 경험과 믿음이 더욱 단단해졌습니다. 감사합니다.

앞으로도 아이들과 가까이에서 지식을 전하고 마음을 풍요롭게 만드는, 생각과 창의력을 키우는 독서 생활을 함께할 수 있도록 돕는 사람이 되겠습니다. 이 책을 읽으신 분들도 아이 곁에서 읽기를 함께하며 어린이 문학을 존중하고, 아이의 독서 생활을 즐겁게 돕는 어른이 되어 주시길 바라는 마음입니다.

2024년 봄, 최누리

참고 도서

- 《어린이책 읽는 법》 김소영/유유/2017
- 《읽기의 말들》 박총/유유/2017
- 《아홉 살 독서 수업》 한미화/어크로스/2019
- 《독서교육의 이론과 실천》 한국독서학회/박이정/2021
- 《오늘은 뭐 쓸까?》 민상기/경향BP/2021
- 《초등 공부, 독서로 시작해 글쓰기로 끝내라》 김성효/해냄/2023

아이와 함께하는
책 놀이

QR 코드를 찍으면 아이와 함께하는
책 놀이의 모든 활동지를 한번에
다운로드 받을 수 있어요.

한글 익히기

 QR 코드를 찍으면 아이와 함께할 수 있는
활동지를 다운로드 받을 수 있어요.

한글 습득 완성하기　▶ 44p

낱말에서 자음과 모음을 분류해 보고 빈칸에 알맞게 넣어 보아요.

할머니	자음	ㅎ ㄹ ㅁ ㄴ
	모음	ㅏ ㅓ ㅣ
할아버지	자음	
	모음	
이모	자음	
	모음	

삼촌	자음	
	모음	
언니	자음	
	모음	
오빠	자음	
	모음	
동생	자음	
	모음	
강아지	자음	
	모음	

고양이	자음	
	모음	
코끼리	자음	
	모음	
사슴	자음	
	모음	
공룡	자음	
	모음	

잘했어! 또 분류해 보고 싶은 단어가 있니?

	자음	
	모음	
	자음	
	모음	
	자음	
	모음	
	자음	
	모음	

	자음	
	모음	
	자음	
	모음	
	자음	
	모음	
	자음	
	모음	
	자음	
	모음	

어휘 넓히기 ▶ 47p

오늘 본 단어 중 몰랐던 단어를 떠올려 보고 내가 생각한 뜻과 사전에서 찾아 본 뜻을 써 봐요.

문장

	내가 생각한 뜻	
	국어사전 뜻	

문장

	내가 생각한 뜻	
	국어사전 뜻	

문장

	내가 생각한 뜻	
	국어사전 뜻	

문장

	내가 생각한 뜻	
	국어사전 뜻	

질문하며 읽기 ▶ 49p

내가 한 작품의 주인공이 되었다 생각해 보고 인물의 행동과 마음을 이해하며 글을 써 봐요.

선정 작품

- 주인공의 이름 :

- 선정 이유 :

- 내가 겪어 볼 주요 사건 :

- 글쓰기 :

_____

_____

_____

_____

_____

미디어 대신 글 놀이

 QR 코드를 찍으면 아이와 함께할 수 있는
활동지를 다운로드 받을 수 있어요.

초성 놀이 ▶ 78p

제시된 초성을 보고 각 초성에 맞는 단어를 떠올려 적어 봐요.

ㅈ ㅎ	ㄴ ㅁ	ㄷ ㄹ
주 황	네 모	다 리
지 하	눈 물	달 력

또 떠오르는 단어는 없니?	또 떠오르는 단어는 없니?	또 떠오르는 단어는 없니?
완성! 끈기도 어휘력도 멋지다!	완성! 끈기도 어휘력도 멋지다!	완성! 끈기도 어휘력도 멋지다!

또 다른 초성을 정해서 단어를 생각해 볼까?

일곱 개나 생각하다니 대단해!

일곱 개나 생각하다니 대단해!

일곱 개나 생각하다니 대단해!

설명문, 안내문 만들기 ▶ 79p

집에 있는 기계를 관찰하고 설명서를 만들어요. 혹은 특정 과제를 잘 해낼 수 있는 안내문을 만들어 봐요.

◦ 무엇에 관한 설명문 혹은 안내문을 만들고 싶은가요?
_____

◦ 몇 가지의 행동으로 나눌 수 있을까요?
_____

(   ) 설명문 / 안내문

1) _____

2) _____

3) _____

4) _____

5) _____

6) _____

7) _____

8) _____

끝말잇기 ▶ 81p

혼자 해도, 둘이 해도 좋은 끝말잇기 놀이 해요.

| 과 자 | ▶ | 자 손 | ▶ | |

빙고 게임

▶ 81p

한 가지 주제를 정하고, 그와 관련된 단어를 채워서 빙고판을 완성해 봐요. 주제와 관련한 단어를 각자 나열해서 먼저 세 줄을 빨리 만드는 사람이 승리!

문장

문장

독후 대체 활동

 QR 코드를 찍으면 아이와 함께할 수 있는
활동지를 다운로드 받을 수 있어요.

좋아하는 문장 설명하기 ▶ 103p

책을 읽으며 좋아하는 문장 10개를 골라요. 그중 제일 좋은 문장 세 개를 골라 왜 좋은지 설명해 봐요. 나머지 7개의 문장도 설명할 수 있다면 더욱 좋겠죠?

좋아하는 문장 둘

좋아하는 이유

좋아하는 문장 셋

좋아하는 이유

한 권의 책을 만화로 요약하기

▶ 104p

책을 읽고 그 책을 6컷의 만화로 그려요. 요약이 어렵다면, 책에서 중요하게 느껴지는 장면 6개를 골라 그려도 풍성한 만화가 완성될 거예요.

책 제목 《　　　　　　》 만화 요약

빈칸 추론하기　　　　　　　　　　　▶ 105p

우리가 아는 이야기에 빠진 내용을 채워 봐요.

《 잭과 콩나무 》

가난한 잭과 엄마는 먹을 것도 돈도 없어져 가지고 있던 한 마리의 젖소를 팔아야 했다.
잭은 시장에 소를 팔러 갔다.
그때 낯선 할아버지를 만났고 할아버지는 젖소와 콩을 바꾸자고 했다.
엄마는 젖소를 콩으로 바꾼 게 화가 나서 요술 콩을 밖으로 던져 버렸다.
다음 날 아침, 눈을 떠 마당을 보았다.
콩나무 위로 껑충 뛰어오른 잭은 위로 위로 계속해서 올라갔다.

하늘까지 오르자 성이 나타났다.
잭은 성에서 황금이 든 자루를 꺼내 집으로 돌아갔다.
잭은 또다시 콩나무를 타고 하늘로 올라갔다.
그때 거인이 잭을 발견하고 쫓아왔다.
잭은 얼른 콩나무 아래로 내려가는데 거인도 따라 내려왔다.
그 뒤로 잭과 엄마는 부자가 되어 행복하게 살았다.

> **참고 답안** 잭은 도끼를 가지고 내려와 콩나무를 찍었다. / 쿵쾅 소리와 함께 거인이 떨어져 죽었고, / 엄마는 잭을 보고 기뻐했다. / 황금이 많아서 먹을 것도 사고 좋은 옷도 입었다. / 하지만 황금이 다 떨어져 다시 가난해졌다. / 잭은 다시 콩나무를 타고 하늘로 올라가 거인의 집에서 황금알을 낳는 거위를 가지고 내려왔다. / 잭과 엄마는 부자가 되어 행복하게 살았다.

《 알라딘과 요술램프 》

놀기 좋아하는 게으른 알라딘에게 아프리카에서 온 마법사가 말을 걸었다.

"알라딘, 나는 네 삼촌이란다. 날 따라오면 널 부자로 만들어 주마."

알라딘이 마법사를 따라가자 사막 한가운데 동굴이 나타났다.

마법사는 알라딘에게 램프를 꺼내 오라고 시켰다.

알라딘은 램프를 챙기고 어서 자기를 먼저 꺼내 달라고 했다.

동굴에서 살아 돌아온 알라딘은 램프로 소원을 빌었고 공주와 결혼도 했다.

마법사가 이 사실을 알게 되었다.

마법사는 알라딘이 사냥하러 간 사이 램프 장수로 변장해 성 앞에 나타났다.

램프를 갖게 된 마법사는 램프의 요정을 불러냈다.

알라딘은 공주를 찾으러 돌아다니다가 우연히 자신이 끼고 있는 반지를 문질렀다.

반지를 문지르자 요정이 나타났다.

공주와 다시 돌아온 알라딘은 행복하게 살았다.

> **글감 덧붙이기**
>
> 마법사가 새로운 램프 한 개와 알라딘의 낡은 램프를 바꾸자고 하였다. 아이디어를 떠올리지 못하던 알라딘이 램프를 바꿔 주었다. / 마법사가 램프의 요정에게 공주와 궁을 자기 앞으로 옮겨 달라고 명령하였다. "공주여, 이제부터 제가 당신의 남편이오." 마법사가 속삭였다. / 알라딘은 궁과 공주가 온데간데없이 사라진 걸 알았다. / 반지를 닦던 알라딘 앞에 반지의 요정이 나타났다. 알라딘이 반지의 요정에게 자기 궁으로 가고 싶다고 하였다. / 알라딘은 궁에서 자고 있는 마법사에게 독약을 탄 포도주를 주어 죽였다.

서평하는 방법 ▶ 117p

좋아하는 책 서평하기 책을 읽고, 다음 형식에 맞추어 책에 관해 평가해요.

 QR 코드를 찍으면 아이와 함께할 수 있는
활동지를 다운로드 받을 수 있어요.

책 읽은 날짜			
책 이름		장르	
책 별점	☆☆☆☆☆		

책의 좋았던 점

책의 아쉬웠던 점

내가 이 책의 결말을 써 본다면?

아이에게 건네는 질문 ▶ 123p

오늘 아이들에게 어떤 질문을 했나요? 잊지 말고 다음의 질문들을 냉장고나 식탁에 붙여 두고 아이에게 건네 봐요. 아이의 말하기 세계가 더욱 풍요로워질 거예요.

학교 끝난 후 아이에게 꼭 묻는 질문 5

오늘 점심은 어땠어?	
오늘은 누구랑 뭐 하고 놀았어?	
오늘 수업 중 가장 재미있던 건 뭐야?	
오늘 힘들거나 하기 싫었던 게 있어?	
내일 꼭 챙겨야 할 거나 기억할 게 있어?	

주말이 끝난 후 아이에게 꼭 묻는 말 5

이번 주말에 가장 재미있었던 게 뭐야?	
다음 주말에 혹시 하고 싶은 거 있어?	
오늘 아쉬운 점은 뭐야?	
오늘 먹었던 음식 중에 제일 맛있었던 건 있어?	
다음 주 학교에서 큰 행사나 기억해야 할 거 있어?	

책을 읽은 후 아이에게 꼭 묻는 말 5

등장인물이 나라면 어떻게 할까?	
이 책에서 바꾸고 싶은 장면은?	
이 책에서 가장 마음에 드는 장면은?	
이 책을 읽고 느낀 점은?	
이 책의 별점은 몇 점?	

글쓰기가 쉬워지는 첫 문장

 QR 코드를 찍으면 아이와 함께할 수 있는
활동지를 다운로드 받을 수 있어요.

첫 문장 지정하고 글쓰기 ▶ 165p

예시된 첫 문장 중 하나를 골라 쓰고, 그 뒤를 이어 오늘 하루 있었던 일을 써 봐요.

지정 첫 문장

_____

글쓰기

_____

_____

_____

_____

_____

인물을 동물이나 사물로 바꿔요 ▶ 176p

 QR 코드를 찍으면 아이와 함께할 수 있는 활동지를 다운로드 받을 수 있어요.

(사람을 동물이나 사물로 비유하기) 주변 사람들을 잘 관찰하고 닮은 점이 많은 동물이나 사물을 떠올려 멋진 비유를 만들어 봐요.

☐ 는 ☐ 다

이유

☐ 는 ☐ 다

이유

| | 는 | | 다 |

이유

| | 는 | | 다 |

이유

| | 는 | | 다 |

이유

단어 이어 붙여 멋진 글 만들기

QR 코드를 찍으면 아이와 함께할 수 있는 활동지를 다운로드 받을 수 있어요.

제비뽑기 명사　▶ 180p

가방	기린	그릇
양배추	도마	의자
주방	학교	마당

259

제비뽑기 동사 ▶ 180p

싸우다	그리다	싫다
들다	생기다	만지다
나가다	들어오다	듣다

제비뽑기로 나온 단어를 이용해 문장 만들기 ▶ 180p

제비뽑기를 오려서 활용해요. 명사 4개, 동사 2개를 뽑고 나온 단어를 모두 활용해 멋진 문장을 만들어요.

(제비뽑기로 뽑은 명사 4개)   ,   ,   ,

(제비뽑기로 뽑은 동사 2개)   ,   ,

《 단어 이어 붙여 글쓰기 》

카피라이터 되기 ▶ 181p

꼭 판매하고 싶은 물건이 있다면 하나를 골라 멋진 홍보 문구를 만들어요. 앞의 제비뽑기를 활용해도 좋아요!

(판매할 물건)

《 카피 》

이야기를 바꾸는 글쓰기

 QR 코드를 찍으면 아이와 함께할 수 있는
활동지를 다운로드 받을 수 있어요.

내 맘대로 이야기 바꾸기 ▶ 185p

마음에 안 드는 주인공, 결말, 이야기 모두 바꿔요! 그에 따라 달라질 결말을 생각하고 글로 써 새로운 이야기를 만들어 봐요.

1 주인공이 되어 글쓰기

책 속 등장인물과 나는 어떤 점이 다른가요?

만약 그런 내가 이 이야기의 주인공이라면 이야기가 어떻게 달라질까요?

265

2 결말 바꾸기

마음에 들지 않는 결말이라면 어떻게 바꾸고 싶은가요?

바꾼 결말로 글을 써 봐요

---

3 에피소드 바꾸기

이야기의 중반부에서 한 가지 상황을 바꿀 수 있다면 어떻게 바꾸고 싶은가요?

결말은 어떻게 달라질까요?

바꾼 에피소드로 글을 써 봐요

아이들이 쓰기 좋은 편지 주제

 QR 코드를 찍으면 아이와 함께할 수 있는
활동지를 다운로드 받을 수 있어요.

주제 골라 편지 쓰기 ▶ 200p

예시된 편지 주제 중 하나를 골라 편지를 써요.

주제

《 편지 》

기행문 쓰는 법

 QR 코드를 찍으면 아이와 함께할 수 있는 활동지를 다운로드 받을 수 있어요.

추억이라는 재료로 기행문 쓰기   ▶ 204p

좋은 기억으로 남아 있는 여행, 소풍이 있나요? 새로운 장소에서 경험한 기분을 잘 떠올려 멋진 글로 완성해 봐요.

1. 날짜와 장소 :

2. 여행 이유 :

3. 여행 전 감정 :

4. 여행 코스나 목적지, 경험 :

5. 여행 감상 :

《 한 편의 글로 자연스럽게 엮기 》

잘 읽히는 글쓰기

 QR 코드를 찍으면 아이와 함께할 수 있는 활동지를 다운로드 받을 수 있어요.

글 수정하기 ▶ 215p

지금까지 쓴 글 중 하나를 골라 정성껏 수정합니다.

> **유의 사항**
> 하나! 독자 입장에서 글을 읽어 보고 읽기 편하게 고쳐요.
> 둘! 독자에게 꼭 전달하고 싶은 장면을 생각하고 돋보이게 써요.
> 셋! 글이 너무 빼곡하지 않나요? 적당히 단락을 나누어요.
> 넷! 잘못 쓴 글씨, 띄어쓰기, 반복되는 문장을 확인해 수정해요.

유의 사항을 생각하며 글을 자세히 읽어 보고, 새롭게 써봐요. 수정하는 과정을 통해 분명히 더 멋진 글이 완성될 거예요.